KB056893

대한민국 정치의정석을 찾아서

政治 의 定石

大韓民國은 90점, 國民은 80점, 政治는 30점

閔丙弘

목차

추천사

전 국무총리 정세균

정치에도 정석 . 바른길은 있을까?

민병홍대표가 우리에게 던지는 화두다. 그는 대한민국 정치가 국민을 걱정하는 것이 아니라 국민의 걱정거리로 전락한 것은 주인이 주인답지 못하였기 때문이라고 일갈한다.

민병홍대표가 제시하는 해법은 단순명쾌하다. 다음 선거만을 생각하는 정치인이 아니라 다음 세대만을 생각하는 정치가를 뽑아야 한다는 것이다. "세상 근심과 즐거움은 선거에 달려있다 (天下憂樂 在選擧) 는 조선시대 실학자 최한기 선생의 말씀처럼 사람을 제대로 가려 뽑으면 좋은 정치가 가능하다는 것이다.

2022년은 3.1 독립혁명과 임시정부 수립 103 주년이 되는 해이다. 지난 한 세기 대한민국은 세계의 변방에서 세계의 중심을 향해 달려와 최고의 자리에 우뚝 서 있다.

우리는 3050 클럽에 7번째로 가입하였고 세계 6위의 군사대국으로 성장하여 아시아를 넘어 세계 최고수준의 민주국가로 발돋움 하였다. k-pop , k-movie에 이어 k-방역에 이르기 까지 세계가 부러워하며 심지어 배우고 싶어하는 나라가 되었다. 여기에 올해 5월, 순수 우리 기술로 만든 우주발사체 누리호가 성공하면 7번째 우주강국으로 도약하게 될것이다

이제 우리 앞에는 대한민국의 새로운 100년, 평화와 번영의 새시

대를 열어가야할 책무가 기다리고 있다. 다음 세대에게 좋은 나라를 물려주어야 한다. 그러나 코로나 사태로 인해 민생은 여전히 힘겹고, 한반도에 드리워진 신냉전의 먹구름도 해소되지 않고 있다. 특히 코로나 이후 우리가 맞딱드리고 잇는 여러가지 전환적 위기 속에서 심화되고 잇는 불평등을 해소하고 새로운 활로를 찾아야 한다.

이러한 패러다임의 전환기에 특히 중요한것이 정치이다. 정치는 미래를 설계하면서 이익과 위험을 배분하기 때문이다. 특히 코로나 19는 세계화 이후 축소되고 있던 국가 기능의 강화를 불러왔고, 국가를 움직이는 정치의 중요성은 더 커졌다. 특히 기회의 평등을 보장받지 못하는 정치는 시민들에게 공동체에 대한 존경과 헌신을 이끌어낼 수 없다. 우리사회를 갉아먹고 있는 격차와 불평등을 해소하고 정의로운 책임과 권리의 배분이 이루어 지도록 만들어야 한다. 이를 바탕으로 지속가능한 사회시스템을 만드는것이 정치의 본령이다.

내 자신이 지난 30년 가까이 현실에서 직접 겪어온 정치는 탄탄대로를 질주하는것이 아니라 진흙탕을 헤쳐나가는 과정의 연속일 뿐이었다. 그러나 힘들고 어렵다고 정치를 포기하거나 외면하지 않았다고 자부한다. 기술적인 문제라면 전문가나 관료에게 일임하는 것이 나을때도 있었다. 그러나 현실에서 해결을 요하는 많은 문제들은 가치중립적이고, 기술적인 문제는 거의 없다. 항상 이견이 있고 저항이 따른다. 대부분 정치의 권능과 에너지가 필요한 일이었다. 정치의 역할을 부정하면 그 자리는 관료주의나 시장만능주의 혹은 포퓰리즘이 득세하기 때문이다.

내가 만난 민병홍대표는 올곧은 사람이다. 역사와 고전에서 세상을 움직이는 정치의 본질을 꿰뚫어내는 혜안을 가진 인물이다. 지난 100년간 대한민국이 걸어온 역사는 어둠을 뚫고 빛을 향해 전진해온 역사였다. 하지만 그길은 결코 순탄치 않았다. 하지만 우리에게는 위기극복의 우수한 DNA가 있다.
벽을 눕히면 다리가 된다는 지혜를 다시 한번 되새길 때다.대한민국의 미래를 이끌어갈 일꾼을 뽑는 선거를 앞둔 지금 민병홍대표의 "정치의 정석"이 우리의 선택에 소중한 길잡이가 되어주길 바란다

대한민국 제46대 국무총리 정세균

추천사

〔정치의 본령은 갈등과 대립의 해소를 통한 사회대통합〕

제가 평소에 존경해 마지않는 민병홍 선배님께서 책을 발간 하셨습니다.
먼저 진심어린 축하를 드립니다.

민 선배님과 저와는 오랫동안 인연을 맺고 정을 나눠온 사이입니다. 특히, 민주당의 불모지나 다름 없었던 지역에서 저와 함께 고군분투하며 오늘날의 당세를 키워 오는데 크게 일조한 분입니다. 제가 그동안 단순한 동료관계를 넘어 뜻과 의지를 나눈 동지로 모시고 가까이 지낸 이유입니다.

생각해 보면 참으로 어려운 시절 이었습니다. 제가 17대 국회의원으로 정치에 입문한 무렵의 충남도의회 구성 경우만 하여도 그렇습니다. 7대 도의원 전체 38분 중 민주당 소속의원은 비례대표 한 분 뿐 이었습니다. 18대 국회에서는 지역에서 저 혼자만이 당선되었고 8대 도의회 역시 전체지역구에서 겨우 한 분만을 배출할 정도였습니다. 이와 같은 현실 속에서 민주당 소속의 일원이 되어 정치 현장에 나선다는 것은 정말 대단한 용기를 필요로 하는 일 이었습니다. 타성에 젖은 현실과 불의에 맞서는 용기, 민주주의에 대한 확고하고도 분명한 신념 없이는 불가능한 일이었습니다.

하지만 선배님께서는 그 길을 꿋꿋하게 걸어오셨습니다. 이번에 선보이는 『정치에도 정석이 있었다』는 그 과정에서 탄생한 옥저입니다. 선배님은 가시밭과 같은 길을 걸어오면서 정치라는 생물을 몸으로 깨닫고 가슴으로 삭히며 침잠시켰습니다. 그렇게 묵혀지고 식혀졌던 것들이 이제 한구절 한구절 다시 살아나 마치 농익어 저절로 터져버리는 꽃봉오리와 같이 만개하여 한 권의 책으로 묶이게 된 것입니다.

정치는 사람을 위해 존재합니다. 하지만 언제부터인가 사람이 정치를 걱정하는 시대가 되고 말았습니다. 말뿐인 성찬,비수가 되어 상대방에게 향하는 독설, 타협과 조화 대신 대립과 갈등만이 존재하는 구조, 국민의 생활과 국가의 미래에 대한 고민이 없는 정치, 이러한 정치 현실들을 국민은 지금 보고 있습니다. 이런 모습이 계속 된다면 국민은 정치에 대해 분노할 것이고 실망할 것이며 끝내는 외면하게 될것입니다.

이 책은 바로 이러한 정치 현실에서부터 출발하고 있습니다.
지금의 정치 현실은 어떠한가? 왜 이러한 일이 벌어지고 있는가? 국민에게 신뢰받고 사랑받는 정치란 무엇인가? 정치가 정치인의 리그가 아니라 국민속에 살아남기 위해서는 어떻게 변해야 하는가? 정치가란 모름지기 어떠한 자질을 지녀야 하고 무엇을 연마해야 하는가? 이 책은 그 답을 제시하고 있습니다. 저는 그 답이 오랫동안 현실정치에서 경험을 통해 체득한 것이기에 현실감 있게 다가서리라 생각합니다. 특히 선배님께서는 오랫동안 동양의 고서를 탐독하시며 사상을 연구해 오신 분이라는 점에서 그 목소리는 더욱 진중하고 깊은 울림을 줄 것이라고 믿습니다.

지금 우리는 급격한 변혁의 시대에 살고 있습니다. 해결해야 할 난제 또한 산적해 있습니다. 그것들을 풀어가고 개척해 가야 할 방안들을 찾아내야 합니다. 저는 그것을 위해 전제되어야 할 것이 "갈등의 해소를 통한 사회대통합" 이라고 생각합니다. 같은 땅을 딛고 같은 곳을 바라보아야 마음을 합할 수 있고 그래야 그 길을 갈 수 있기 때문입니다. 정치의 역할과 본령이 바로 그와 같다는 점을 강조하면서 『정치에도 정석이 있었다』 저서가 이와 같은 바탕을 만드는데 크게 이바지 하길 기대합니다.

들어가며

이 책을 펼친 당신은 썩어가는 대한민국 정치를 걱정하는 국민이고 당신의 아들딸과 손자손녀들의 행복을 걱정하는 부모이며 자신의 정치 인식도를 궁금해 하는 사람이다.

지구 총 면적의 5천분의 1밖에 되지 않는 나라이고
농지가 37% 밖에 안 되어도 굶는 사람이 없는 나라이고
세계 최하위 빈민국이었던 나라 이었음에도
G 7(Group of Seven) 국가 가 가장 부러워 하는 나라이고
무엇이든 마음만 먹으면 일등을 하는 나라이고
국민은 정직하고 근면하며 현명한 나라이고
10대 경제부국이며 연 200억 달러의 무기를 수출하는 5대 국방강국임을 잘 알고 있는 사람이다.

대한민국은 가히 100점에 가까운 나라이며 국민은 90점에 이르는 나라인데 반해 유독 정치만은 30점도 되지 않는, 정치가 국민을 걱정하는 나라가 아니고 국민이 정치를 걱정하는 나라임을 잘 알고 있는 사람이다.

세계 10대 경제부국, 5대 국방강국이 된 것은 우리의 아들딸과 손자손녀들이 밤잠을 설쳐가며 맨땅에 헤딩하듯 선진기술을 연구개발하고 이들의 역동성에 과감한 투자와 후원을 아끼지 않은 애국적 기업이 있었기 때문이다. 우리의 아들딸과 손자손녀들과 애국

적 기업이 일구어 놓은 세계10대 경제강국, 세계5위 국방강국의 유지, 향상은 우리와 우리의 아들딸과 손자손녀들의 행복과 직결된다. 그 방법은 다음 선거만을 생각하는 정치인(政治人)의 정치가 아니라 다음 세대만을 생각하는 정치가(政治家)의 정치뿐이다.

이책은

백성만을 위하여 나라를 다스려야 한다는 논어, 맹자, 대학, 중용, 대학연의. 정관정요의 말씀을 집약하면 "부모의 마음으로 형제의 마음으로 자식의 마음으로 국민을 사랑하고 헌법에 정해진 대로 나라를 다스려 국민의 행복과 안정적인 삶을 실현하는 것" 으로 이를 정치의 정석으로 표현하였으며, 역대 대통령을 돌아보면서 민주주의 대한민국 정치를 온고이지신을 하고자 함이며 선거는 왜 하는지 어떻게 하여야 하는지 에 대한 이해를 돕고자 하였습니다. 십분만 이해 하여도 당신은 위대하고 찬란한 대한민국의 자랑스런 국민이고 당신과 당신의 아들딸과 손자손녀들의 안정적인 삶을 위하는 현명한 대한민국 국민입니다.

제 1 장

이것이 대한민국 이다.

조선(朝鮮)과 대한민국(大韓民國)

1392년 이성계가 고려를 무너트리고 세운 조선의 26대 왕 고종이 1897년 10월 12일 삼한을 통합하였다는 의미로 국호에 대한을 넣은 입헌군주국가인 대한제국을 선포하고 황제로 등극하고 중국의 간섭에서 벗어나기 위하여 1899년 "무한불가침의 군권(君權)을 가지며 입법, 사법, 행정, 선전강화, 계엄, 해엄의 권한까지 갖는 다"라는 대한국제(大韓國制)을 선포함으로서 조선(朝鮮)은 사라지고 대한제국이 되었다.

또한,

대한제국의 정치는 "이전부터 오백년간 전래하시고 이후부터는 항만세(恒萬歲) 불변하오실 전제정치이니라"라는 대한국제 제2조에 따라 완전한 전제정치를 추구하면서 서구의 절대왕정 체제를 도입하였다.

대한제국은 러시아와의 전쟁에서 승리한 일본이 1905년 11월 고종황제 밑에 통감부를 두고 대한제국의 실권을 장악하더니 1910년 8월22일 한일합병조약을 체결함 으로서 동년 8월29일 대한제국은 해산되고 역사 속으로 사라졌다.

대한민국 (민주주의공화국) 의 발원

1919년 3월1일, 서울 파고다 공원에서 발화된 독립만세운동은 전국으로 확산되면서 유관순열사의 천안 아우네 대한독립만세운동에 고무된 여운형, 조동호, 손정도, 조소앙, 김철, 선우혁, 한진교, 신석우, 이광수, 현순, 신익희, 조성환, 이광, 최근우, 백남칠, 김대지, 남형우, 이회영, 이시영, 이동녕, 조완구, 신채호, 진희창, 신철, 이영근, 조동진, 여운홍, 현장운, 김동삼 등 29분이 1919년 4월 11일 중국 상해에서 대한민국을 국호로 임시정부를 수립한 것이 민주주의 공화국 대한민국의 탄생이다.

대한제국이 일본에 합병된 지 36년, 대한민국이 탄생한지 26년이 되던 1945년 8월 15일 일본이 미국에 항복하면서 어부지리로 일본으로 부터 해방이 되었고, 해방된 한반도는 미국과 소련의 "조선 분할점령정책"에 따라 북위 38도 이북은 소련이, 이남은 미군이 통치하게 되었고 이북은 조선 인민민주주의 공화국으로 이남은 자유민주주의 대한민국 공화국으로 재편되었다.

국가는 영토, 국민, 헌법 3요소로 제주도와 독도를 포함한 북위 38도 이남의 한반도를 영토로 하고 이 영토의 거주민인 국민으로 하나 통치의 근본인 헌법을 세우기 위하여 미군정은 1948년 5월 10일 자신들의 감시아래 총선거를 실시하여 1948.5.31~1950.5.30. 까지 2년 임기의 제헌 국회의원 198명을 선출하여 이승만을 국회의장. 신익희를 부의장으로 선출히여 제헌국회를 구성하고 동년 7월 20일 국회간선제로 이승만을 대통령으로 선출하고 동년 7월17일 헌법과 정부조직법을 공포하고 동년 8월15일 정부를 수립을 내외에 선포함으로서 모든 권력은 국민으로 나오고 국민이 주인인 민주주의 공화국 법치국가 대한민국이 되었다.

대한민국 초대 국회 (제헌국회)는 정치의 정석대로 국민을 행복하게 하고 안정적인 삶을 살도록 하고 국민을 아끼고 사랑하는 방식으로 헌법을 제정, 공포하였으며 헌법에 따라 대한민국을 다스리는 것이 정치의 본질임을 천명하고 수행하기로 약속한 대통령과 국회의원이 다스리는 법치국 자유민주주의 공화국 대한민국이 되었다.

비록 몇 개월만에 만들어진 헌법이지만 금세기 최고의 바이마르헌법에 기초하여 "부모의 마음으로 형제의 마음으로 자식의 마음으로 국민을 사랑하고 헌법대로 나라를 다스려 국민의 행복과 안정적인 삶을 실현"하는 정치의 정석을 중시하여 제정된 헌법으로 대한민국 정치의 정석은 이 때만 존재한것이 아니었는지 생각한다.

북한과 일본을 앞지른 경제부국이 되다.
일인당 국민소득이 고작 60달러도 되지 않았던 1950년 대의 국민은 문화나 레저가 있는지도 몰랐고 오직 삼시세끼 라도 먹고 자식들이 아프지만 않으면 행복이었던 시기였다.
1953년 일인당 국민소득 67달러로 세계에서 두 번째로 못살던 나라. 먹고 입을것이 부족하여 언커크와 운크라 에서 헌 옷과 우유. 옥수수가루 등을 지원받던 대한민국이 새마을운동을 시작하면서 굶지는 않는 1970년에 이르러 4배 가까이 상승한 279 달러로 이었지만 북한의 386달러에 미치지 못하던 가난한 나라이었다

주문자생산제조업이 대만과 일본을 거쳐 대한민국에 들어오면서 1980년 1,700달러, 1990년 6,500달러, 2000년 11,852 달러로 급성장 하더니 2006년 20,000달러를 돌파하고 2017년 30,000달러, 2020년에는 1953년 대비 약 500배 가량 성장한 31,700달러로 세계 31번째로 잘사는 나라가 되었고 채무는 5,000억 달러 채권이 9,000억 달러 인, 4,000억 달러를 빌려준 순 채권국이며 10대경제부국, 5대 국방강국으로 성장하였다.

이러한 대한민국을 만든 것은 위대하고 찬란한 역사를 가진 조선 민족의 우수한 두뇌와 근면성을 바탕으로 밤잠을 설쳐가며 맨땅에 헤딩하듯 각 분야에서 최고의 기술을 연구하고 개발한 이땅의 우리의 아들딸과 이들을 양성하고 등용하여 세계 최고의 제품을 생산하여 성실성으로 판매한 애국적 기업이 있었기 때문이다.

경제대국을 만든 이 땅의 젊은이와 기업들은 다음 세대를 생각하는 정치가(政治家) 보다 다음 선거만을 생각하는 정치인(政治人)들이 판을 칠망정, 국민위에 군림하는 공무원이 있을망정, 정경유착으로 부를 축적한 기업들이 있을망정, 아홉을 가졌음에도 마지막 하나까지 가지려는 부자들이 있을망정, 정론직필의 붓을 꺾고 금욕과 권력욕에 함몰된 언론이 있을망정, 유전무죄 무전유죄 와 무권유죄 유권무죄와 고금무죄 저금유죄의 신조어를 양산한 법조인이 판을 칠망정, 자신이 속한 기업보다 자신의 임금에만 집착하는 노동조합이 대한민국을 망가트리고 있을망정 "대한민국을 위하여 대한민국의 후손을 위하여" 묵묵히 연구, 개발하고 애국의 사명감을 가진 기업은 정직과 신뢰를 바탕으로 세계시장을 석권하며 경제최강국을 향해 달려가고 있다.

민족과 국가를 먼저 생각하는 응집력 세계최고인 우리 민족은 대통령을 비롯한 정치인, 행정공무원. 사법부, 입법부, 노동계. 학계가 국민과 국가보다 권력의 탐욕에 눈이 멀어 있을망정 "민족과 국가를 먼저 생각하는 국민과 뜻있는 기업" 은 살아 있었고 독립운동 하듯 외롭게 연구하고 개발한 영웅들은 고품질의 공산품을 수출하여 벌어들인 달러로 곳간을 차곡차곡 채워가고 있다.

선진기술을 맨땅에 헤딩하듯 독자적으로 연구개발한 위대한 연구진, 그리고 그들의 역량에 아낌없이 투자한 글로벌 기업 과 더불어 귀엽고 아리따운 우리의 아들딸들은 한류열풍을 일으키며 벌어들인 달러를 차곡차곡 곳간에 채워가는 나라가 대한민국이다.

독자적으로 밥잠을 설쳐가며 맨땅에 헤딩하듯 연구,개발한 위대한 우리의 젊은이들. 그들의 역동성을 보호하고 보장한 기업들, 한류로 막대한 수익을 창출한 아이 돌, 이 영웅들은 대한독립을 위하여 목숨을 초개같이 버린 선각자와 13척으로 330척의 왜군을 물리치고 조선을 지킨 이순신 장군. 의료 최강국 미국에서도 코로나19로 수 십만명이 죽어나가는 데도 자신을 돌보기 보다 국민을 먼저 지킨 의사와 간호사와 함께 대한민국을 지탱하는 영웅들이 계시는 나라가 대한민국이다.

북한보다 못 살았던 대한민국은 주문자 생산제조업이 멕시코에서 대만과 일본으로 넘어오고, 다시 대한민국으로 넘어 오면서 먹는데 걱정이 없어지더니 1953년 66달러의 일인당 국민소득이 60배 늘어난 3,728달러가 된 것은 이 땅의 젊은이와 애국적 기업이 멕시코를 비롯한 남미국가와 대만의 전철을 밟아서는 안 된다는 각오로 아시아의 용(龍)이 되기 위해 선진기술을 습득하고 연구하고 개발하였기 때문이다.

오늘의 대한민국

일인당 국민소득 33,000달러
수출 세계 6위.
외환보유 세계 9위,
국방력 세계 5위
반도체시장점유율 세계 2위,
냉장고시장점유율 세계 1~2위.
세탁기시장점유율 세계 1~2위,
TV시장점유율 세계 1~2위.
핸드폰시장점유율 세계 1~2위,
무선통신시장 세계1~2위.
자동차 부문에서 가솔린자동차 세계 4~5위,

전기자동차 세계 3~4위, 수소 자동차 세계 2~3위.

조선(船舶) 점유율 세계 1~2위,

철강과 이차전지시장 점유율 세계 1~2위 등

총 64개 업종에서 세계 1위의 나라이다.

미국과 독일에 의존했던 전쟁무기(방산산업)는 중동국가를 넘어 종주국 미국으로 수출하는 국방기술강국 대한민국이다.

군함의 세계시장 점유율이 90%를 넘어섰다. (군함이라고 하니 해군함정은 말이 안된다고 다른 제품이 있는지 고민하지 말라 해군이 사용하는 함정이니까)

병원에 가시지 못하여 돌아가시는 국민이 없는 의료복지 세계최고의 나라가 또한 대한민국이다.

무엇이든 손대면 세계 1등을 하는 나라에 우리는 살아가고 있음을 감사하게 생각하는 우리가 되어야 한다.

위대한 대한민국 젊은이와 애국적 기업에 감사하라

대한민국이 반도체 세계 2위의 생산, 수출국이 되자 주문자생산 제조업의 호황만을 누리면서 기술습득과 연구개발을 등한시 했던 대만이 이제와서 대한민국을 따라 잡겠다고 수천억을 들여 반도체를 개발하여 파운드리(위탁생산) 방식일망정 대한민국 따라 잡았는데 문제는 수출량과 수출액에서는 이겼지만 수익은 우리나라를 따라잡지 못한다는 점이다.

이것 마저도 오래 가지 못한다. 대만이 수천억을 들여 7 나노미터(㎚)를 개발하는 동안 삼성은 더욱 우수한 5 나노미터 반도체를 개발하였기 때문이다. 머지않아 대만의 반도체는 싸구려가 될 것이고 세계 반도체시장은 삼성이 주도하게 될것이다

반도체와 더불어 디스플레이. TV. 냉장고, 세탁기. 스마트폰, 자동차는 대한민국의 최대 수출전략 품목이다

특히,

백색가전의 꽃이라 불리는 디스플레이, TV, 냉장고, 세탁기는 한 가정에 한 대씩 가져야 하는 제품이고 스마트폰은 한사람이 하나씩 가져야 되는 생활필수품으로 세계시장 점유율은 가히 세계 최고이다.

백색가전은 세계 최고기술을 자랑하고 판매시장은 최고의 시장인 미국에서도 TV, 냉장고, 세탁기 와 디스플레이, 스마트폰 시장 점유율은 대한민국의 삼성과 엘지가 1~2위를 다투고 있으며 가성비가 아닌 명품으로 자리를 잡았으며 일본의 10대 가전제품 생산기업을 모두 합쳐도 삼성의 생산량을 따라오지 못할 정도로 성장한 나라가 대한민국이다.

일본이 엄청난 자금을 투자하고 오랜 기간 공을 들인 동남아시아 황금시장도 삼성과 엘지가 석권 하고 있으며 유럽시장 마저 메이드 인 코리아가 석권하고 있는 중 이다.

특히

러시아에서의 메이드 인 코리아 열풍은 상상을 초월한다.

1억5천만이 사는 러시아의 가정에는 한집 걸러 메이드 인 코리아가 새겨진 냉장고, TV. 세탁기와 디스플레이가 있고 손에는 대한민국 상표가 붙은 핸드폰을 들고 다닌다.

대한민국에서 냉장고, TV. 세탁기와 디스플레이, 핸드폰을 한 기업이 독점 하였다 해도 러시아 시장의 1/3 밖에 되지 않는다는 점을 고려하면 얼마나 큰 시장이고 아울러 돈을 얼마나 벌어 대한민국의 곳간을 채우는지 알 것 이다.

러시아는 왜 메이드 인 코리아에 열광하는가

대한민국에 대한 믿음과 신용에 매료되었기 때문이다.

장사는 "돈을 버는 게 아니라 사람을 얻는 것" 이라는 선조들의 상업정신 때문이었다.

고품질. 고신용은 불황이 비켜간다는 선조들이 물려주신 교과서적 교훈을 가슴깊이 세기고 이를 지켜나갔기 때문이다.

그리고

약속은 반드시 지키는 국민성이 있었기 때문이다.

러시아는 우리나라와 적대국 이었던 나라이었고 부동항을 얻기 위해 김일성을 사주하여 남침을 사주했던 나라이었지만 70년이 지난 지금은 "한국은 믿을 수 있는 나라이고 제품도 국민성도 최고인 나라" 로 인식되어 있다.

그 옛날, 대한민국에서 미국 것 은 무엇이든 좋다 라 하였던 것 처럼 러시아인은 maid in korea 상표가 붙은 백색가전과 화장품등 을 비롯한 모든 생필품까지 묻지도 따지지도 않고 믿고 구입하는 나라가 러시아이다.

이토록 대한민국을 신임 하게 된 이유가 있었다.

러시아가 모라토리엄(국가부도)을 선포하면서 외국기업이 모두 철 수 하는데도 유독 철수 하지 않고 오히려 투자를 늘린 기업이 삼 성과 엘지 이었다.

부도가 난 나라에서 사업을 계속 한다는 것 은 바보 짓 이라는 다 른 나라 기업과는 달리 삼성과 엘지는 오히려 투자를 늘리고 고용 을 늘린 것이다.

국가부도 상황에서 일본을 비롯한 모든 나라의 기업이 보따리 싸 기에 급급한 마당에 삼성과 엘지는 노동자를 늘리고 생산을 늘리 면서 더구나 세금까지 많이 납부하는 상황이 된 것 이다.

러시아 정부로서는 천사가 하늘에서 뚝i 떨어진 것이다.
기업은 수익을 내지 못하고. 일자리도 적어지고, 세수가 부족하여 부도를 낼 수밖에 없는 러시아의 입장에서 일자리를 늘려 국민의 생활을 해결하여주고 세수까지 늘려주는 대한민국의 삼성과 엘지 는 그들에게 천사 일 수 밖에 없었다.

대한민국 기업만 다른 나라들처럼 도망가지 않고 오히려 투자를 늘리게 되자 러시아와 러시아 국민들에게는 대한민국은 믿을 수 있고 존경하여야 하는 나라로 각인된 것 이다. 거기에다가 제품까

지 좋으니 금상첨화였던 것 이었다

더구나,

러시아의 최대 기업인 비스트가 삼성에게 지급할 대금으로 사옥을 내주었지만 삼성은 사옥까지 사용토록 배려하였고 비스트기업이 회생하여 빚을 갚는 과정에서 이자 한푼 받지 않고 사옥을 돌려준 것이 삼성과 대한민국을 신뢰하는 계기가 된 것 이었다.

이것이 알려지면서 러시아는 은혜를 갚는다는 마음으로 대한민국 제품을 구매하게 되었고 자동차와 냉장고, 세탁기, TV, 디스플레이와 핸드폰 그리고 소소한 가전제품과 라면, 커피, 초코파이를 비롯한 생활필수품에서 까지 maid in korea라면 묻지도 따지지도 않는 단초를 제공한 것이다.

여기서 우리는 간과해서는 안되는 것이 있다.

대한민국을 대표하는 재벌기업은 삼성. SK. 현대. LG. 한화, 롯데로 이어지는 6대 재벌기업은 각각 특징을 가지고 있는 것을 우리는 반드시 기억하여야 한다.

이중 5개 재벌기업은 외국시장을 중심으로 사업을 하여 달러를 유입하는 효자그룹으로 평가하여야 하는 반면에 1개 재벌기업은 국내시장 중심으로 사업을 하는 그룹이고 심지어 번 돈을 일본으로? 가져가는 기업도 있는 점을 간과해서는 안된다.

자동차 시장은 머지않아 가솔린, 경유, 개스사용을 금지하는 정책으로 전기와 수소 자동차시장이 번창할 것이다.

이미 유럽에서는 휘발유 등을 사용하는 자동차에 벌금을 물리고 있다.

3천만 명의 일자리를 창출하고 3천조 원의 수소자동차 시장은 현대자동차가 40% 이상을 선점하였고 한번 충전으로 500킬로를 주행하고 충전시간도 3분 밖에 걸리지 않는 트럭 또한 세계 최고의 기술로 자리 잡았다.

친환경 전기생산은 인류의 염원임은 삼척동자도 알고 있다.

미국을 비롯한 여러 나라는 수년전 부터 태양집열판을 위성으로 발사한 다음 전기를 생산, 저장하여 저장된 전기를 마이크로파 로 변환하여 지구로 송신하면 지구는 마이크로파를 전기로 변환시켜 사용하는 사업에 도전하고 있다.

변환장치는 지역별로 하나가 될지 가정마다 하나가 될지 모른다. 이 때가 되면 골칫거리인 전봇대가 모두 뽑혀지는 날도 올 것 이다.   얼마나 멋진 일인가.

이 보다 더 멋진 것이 ITER(국제핵융합실험로)를 이용한 전기생산 방식이다.

더욱더 멋지고 자랑스러운 것은 ITER의 기술을 주도하는 것이 대한민국 박사님 들 이라는 것이고 시설 또한 모두 우리 업체가 수주 하였다는 사실이다.

대한민국을 비롯한 35개국이 설립한 ITER는 공기와 자연에 무한하게 존재하는 중수소와 삼중수소를 섭씨 1억5천만도 로 가열하여 만든 플라즈마를 핵융합시킬때 나오는 열에너지로 터빈을 돌려 전기를 생산하는 기술이다.

배구공 만 한 플라즈마 하나에서 얻는 전기량이 석탄 10,000톤을 사용하여 얻은 전기량과 맞먹는 기술로 2040년 완성되면 화력발전으로 인한 미세먼지 걱정도 사라지고 원자력발전으로 걱정되는 재앙도 걱정하지 않아도 되고, 방사선폐기물도 이산화탄소도 걱정하지 않아도 되고 폭팔 위험까지 없는 전기생산 기술이다.

대한민국 박사님들이 개발한 기술이란, 핵융합을 시키는 과정에서 고속으로 회전할 때 발생하는 1억5천만도의 고열을 견디는 저장설비이다. 이로 인해 ITER의 연구진은 거의 대한민국의 박사들이 주도 하고 있으며 실험로를 시설하는데 필요한 100여개의 부품까지 모두 대한민국에서 수출하고 있다.

이토록 자랑스런 나라. 바로 대한민국이다.

세계 건설시장에서도 공항공사와 고속도로공사, 고속전철도로공사, 교량공사 등을 비롯하여 건축공사 기술 또한 세계최고 수준에 도달해 있으며 수주액 에서도 미국, 일본, 독일을 제치는 나라가 대한민국이다.

조선산업(선박)은 현대중공업이 연 750만톤을 수주하여 중국을 멀찌감치 따 돌리고 일본을 앞질러 세계 최고가 되었다.

건설과 마찬가지로 준공기일. 납품기일의 약속을 잘 지키고 성실한 시공으로 어메이징 코리아의 찬사를 받고 있는 나라가 대한민국이다.

자다가도 벌떡 일어나 걱정을 하는 국방력이 일본을 제치고 세계 5위의 국사력 국가라면 믿기지 않을 것이다.

6.25 남침으로 국토가 폐허가 되고 수많은 사상자가 발생하고 남북분단으로 가족이 헤어져 살아가고 공산주의의 참상을 겪는 어른들은 북한이라면 아직도 치를 떨지만 우리가 더욱 잘살기 위 하여는 남북평화정착이며 나아가 남북경제공동체가 되는 것 이지만, 그러할 망정 북한의 도발을 염두에 두지 않을 수 없는 것이 국방안보이다.

평화는 인간을 비롯한 동물세계가 추구하는 최대의 희망이다.

평화는 국내적 평화와 국제적 평화로 나누고 국내평화는 사회정의 실현을 통하여 국민들이 정치, 사회, 문화, 경제의 안녕과 안정을 꾀 하는 것 이며 국제평화는 갈등과 분쟁이나 전쟁을 없애는 것이다.

김대중 대통령과 김정일의 만남. 노무현 대통령과 김정일의 만남과 문재인 대통령과 김정은의 만남에서 남북평화를 거론하며 전쟁

없는 대한민국을 조성하고자 강조하는 것이 북한과의 관계에서의 평화이다.

남북이 휴전상태를 종료하고(終戰) 상호불가침조약을 체결하고 남북평화를 외치면서 꾸준히 국방기술을 연구, 개발하는 것은 북한의 공격을 대비하기 위함이기도 하지만 우리의 아들, 딸의 우수한 두뇌로 세계 정상급의 무기를 연구개발하여 이를 판매하여 얻는 수익과 가히 넘사벽인 국가위상 때문이기도 하다.

대한민국이 전쟁무기를 수출한다

이를 믿는 국민이 얼마나 될까?

특정 유튜브를 시청하는 분들은 대략 알지만 신문과 방송에 의존하는 사람들은 탱크와 비행기를 수출한다고 하면 믿지도 않는다.

무기를 생산하여 외국에 수출하는 방산(방위사업체)산업은 미국, 러시아, 독일 등 몇 나라 밖에 되지 않아 우리나라 국군의 무기는 모두 외국에서 사오는 것으로 알고 있었다면 우리나라 국민이 우리나라를 모르기 때문이다. 손안에 있는 전화기에 모든 것이 들어 있는데 이를 보고 듣지 않고 종이신문만 보고 종이신문을 믿는 분이라면 이 이야기를 믿지도 않는다.

1945년 일제 36년 치하에서 벗어나 자리를 잡아가던 1950년, 북한의 김일성이 부동항의 야욕을 가진 소련의 사주로 무력으로 침공하여 낙동강까지 침략 하였다가 유엔군이 참전하여 압록강까지 진

군하자 중국공산군의 인해전술로 현재의 휴전선 근방까지 밀리게 되었고 이 지점에서 쌍방이 전쟁을 지속할 여력이 없어지자 김일성과 중국의 팽덕회, 미국의 마크클라크는 1953년 7월27일 판문점에서 남일과 해리슨을 배석시킨 자리에서 전쟁을 잠시 멈추는 휴전에 동의하였다. (이날을 북한에서는 전승기념일 이라 하고 있다)

6.25전쟁으로 산업시설이 파괴되고 우리의 부모형제와 아들딸이 죽고 수많은 이산가족이 발생한 것을 생각하면. 또다시 전쟁이 일어나면 우리의 부모형제와 아들딸의 죽음을 보아야 되고 그동안 일구어 놓은 대한민국이 파괴되는 것을 더 이상 볼수 없음으로 이를 방지하는 방법은 오직 전쟁 없는 한반도 평화정책과 국방력(방산산업) 확충 뿐 이다.

6,25의 참상을 경험한 대한민국이 무기생산기술과 국방력 강화에 온힘을 다한 결과 아시아에서는 중국다음으로 2위. 세계 5위의 국방기술. 국방강국으로 우뚝 서게된 것이다.

국방기술도 무기도 백색가전이나 자동차, 반도체, 배터리 기술개발과 같이 이 땅의 젊은이가 맨땅에 헤딩하듯 독자적으로 연구하고 개발하여 전쟁무기 최강국인 미국에 까지 수출하는 자랑스런 대한민국이다. .

전쟁무기 종주국 미국으로 수출하는 무기가 있다

우리 연구진이 맨땅에 헤딩하듯 독자적으로 개발한 K9 자주포(광무). 미사일(현무). 전투장갑차는 미국, 독일을 능가하는 전쟁무기 수출품목이다.

잠수함 건조기술은 러시아, 프랑스, 독일과 맞먹는 수준에 도달해 있으며 세계 12번째로 마하 1.8의 초음속 항공기(T 50)를 독자개발 하여 미국으로 까지 수출까지 하고 있다.

세계 최고의 항공기술을 보유한 록히드마틴이 대한민국이 10년안에 초음속기를 개발하면 손에 장을 지지겠다고 우리를 깔보았지만 우리는 보란 듯이 6년만에 마하 1.8의 초음속항공기 FA50를 자체 개발하여 항공기 수출 세계 6위국이 되었으며 항공산업의 메카인 미국은 1대에 자동차 1,000대 가격으로 FA50을 수입하여 연습기로 사용하고 있다.

광개토왕의 힘 또는 광무라 불리는 k9 자주포는 외국의 기술협조 없이 독자 개발, 생산하여 휴전선 일대에 1,300문이 배치되어 있고 호주 30문, 인도 100문을 비롯하여 노르웨이 등에 200여대를 수출한 나라가 대한민국이다.

K9 자주포의 성능은 최고수준이다. 미국의 M209 자주포와 비교하면 M209는 사정거리 32km . 발사준비에 소요되는 시간은 10분에서 15분인데 반해 대한민국의 우수한 젊은이가 개발한 K9 자주포 광무는 사정거리 40km로 미국의 M209 8km 더 날아가고 발사준비에 소요되는 시간은 30초로 세계 최고성능의 자주포이다.

발사준비를 함에 있어 미국의 M209는 발사 충격을 이기기 위하여 반드시 논바닥 같은 맨땅으로 이동하여야 하기에 아무리 빨라도 10분에서 15분이 소요되지만 우리가 독자적으로 개발한 자주포 자주포는 아스팔트 도로 나 콘크리트 도로 주행 중 이라도 맨땅을 찾지 않고 그 자리에서 즉시 발사할 수 있는 세계 최초, 최고의 자주포이다.

포탄을 장착하는 방식에서도 미국의 M209를 능가한다. 장착된 포탄을 발사하고 새로운 포탄을 장착하는데 있어서 M209는 포탄 수송차에서 인력으로 한발 씩 이적, 장착하여 발사하는 패턴이지만 K9 자주포는 48발을 장착한 프레임을 크레인으로 옮겨 장착하기에 3분밖에 소요되지 않는, 15초에 3발을 발사하는 세계 최초, 최고의 자주포 이다. 운용인원 또한미국의 M209의 1개 소대이지만 K9 자주포는 5명으로 인력손실이 거의 없는 것 도 장점이다.

왜? 팔리는지 이유를 아실만 할 것 이다.

잠수함 건조 기술은 세계 4위 안에 들어가는 나라가 되었고 레이다에도 잡히지 않는 잠수함을 개발한 나라이다.

군함의 세계시장 점유율이 약 92% 인 대한민국이고 소총 또한 미국의 최신식 소총을 능가하는 무기도 개발하여 군에 보급하고 있다.

천무라는 이름의 미사일은 사정거리 60km인 북한의 240미리 장사포 보다 20km 더 날아가는 미사일로 그로니즈의 악마라 불리는 러시아의 미사일까지 무릎을 꿇게 만든 대한민국의 최첨단 무기이다.

세계 7번째로 전술탄도탄인 중거리탄도미사일(IRBM)의 잠수함발사 성공으로 일본을 넘어 중국까지 벌벌 떨게 만든 나라가 대한민국이다.

실패한 누리호에 일본과 중국이 몸서리치는 이유는 무엇일까에 관심이 가지 않을 수 없다.

문재인정부를 폄하하는 사람, 언론 어느 누구도 누리호 발사실패에 대하여는 거론하지 않는 이유가 있는데, 300톤의 발사체를 지상 700Km 까지 쏘아 올렸다는 것이다.

우리나라에서도 성공한 통신위성의 중량은 고작 1톤 내외 로 300톤을 비록 지상 700Km에서 올라간 뒤에 엔진이 꺼졌다면 낙하지점은 세계 어느 곳이든 가능하기 때문이다.

대륙간 탄도미사일은 직선으로 날아가지 않고 지상으로 쏘아 올린 다음 낙하하는 방식으로 공격하는 폭탄이기 때문이다.

세계5위의 국방강국으로 발돋움 한 것은 기술력이지만 이를 뒷받침하고 있는 것이 대한민국 군인이 가진 우수한 전략과 전술력이다.

아덴만의 해적을 소탕하고 아프간 거주 내국인과 조력자를 한 사람도 다치지 않고 한국으로 데려온 수송작전을 비롯하여 혁혁한

전공을 세우고 돌아온 평화군의 위상으로 대한민국 군인과 붙으면 진다는 . 또는 질것이라고 믿고 있다는 점이 이를 반증하고 있다.

전투기는 물론이고 초음속 전투기에, 세계최강의 기술과 능력을 자랑하는 탱크에 미사일에, 잠수함에, 소총에, 중거리탄도미사일 잠수함발사 능력까지, 이제 우리는 누구 에게도 뒤지지 않는 세계 5위의 국방력을 갖춘 나라가 대한민국이다

일본 소부장 (소재, 부품, 장비)의 행패를 코가 납작하도록 눌러버린 대한민국이다. 일본은 강제징용판결을 빌미로 2019년 7월1일 반도체 생산에 절대적으로 필요한 핵심소제를 중심으로 수출을 규제하였다.

반도체생산 공정에서 불순물을 깎아내는 핵심소제인 불화수소 와 빛을 인식하는 감광제, OLED 패널(화면)에 들어가는 플루오린 플로이미드를 한국에 팔지 않는다며 아베가 망언을 하였지만 우리의 연구진이 불과 6개월 만에 일본보다 더 뛰어난 제품을 개발하여 버렸다.

일본이 우리에게 개발할 빌미를 제공하였고 우리는 위기를 기회로 삼아 이를 극복한 자랑스런 나라가 대한민국이다.

이것만은 반드시 잊지 말자

"대한민국 이라는 나라는 가공된 다이아몬드 보다 더 아름다운

원석을 가지고 있는 나라이며 남북이 통일되면 세계 최강국이 될 것이다" 라 는 짐 로저스의 말을 기억하고 있어야 한다.

짐 로저스는 세계경제를 꿰뚫어 보고 투자를 하는 이 시대의 최고 투자가이다.

종이신문에서는 한마디도 언급하지 않기에 우리나라가 얼마나 자랑스런 나라인지 몰랐다고 하시지 말라. 여러분의 손안에 있는 핸드폰으로 유튜브를 보시라. 그 속에 대한민국이 있다.

유튜브를 보지 않는 자, 대한민국 주인이라 하지 말라.

우리는 90점 대한민국, 아니 100점 대한민국에 살고있다.

우리의 아들딸과 손자손녀들과 애국의 사명감을 가진 기업덕분으로 말이다.

우리의 아들딸과 손자손녀들과 애국의 사명감을 가진 기업에게 감사하는 최선의 방법은 다음 세대만을 생각하는 정치가(政治家). 우리에게 행복을 주는 정치가(政治家)를 선택하는 유권자의 자세를 견지하는 것이다.

제 2 장

대한민국의 점수 는   몇점 인가

나라는 90점 인데
국민은 80점 이고
정치는 고작 30점 이다

나라는 90점. 나머지 10점은 어디에 있나

우리의 아들딸과 손자손녀들이 애국의 사명감을 가진 기업과 손을 맞잡고 일인당 국민소득 33,000 달러를 만들고 10대 경제부국, 5대 국방강국을 만들었다는 것에 대한 감사를 모르는 국민은

자신이 대한민국의 주인 인지도 모르고,

정치를 하는 사람이 우리의 봉사자 인지도 모르고,

대통령에게 우리와 우리의 자녀와 후손이 행복하도록 나라를 다스리라 명령하는 것도 모른다.

오직,

나만 괜찮으면 되고

나만 잘살면 된다하고

미국, 중국, 일본, 북한에 대하여 객관성보다는 한가지 감정으로 무조건 좋다 나쁘다 하고,

다음 세대를 생각하는 정치가(政治家)가 누구인지도 모르고,

세상의 괴로움과 즐거움은 선거에 달려있다 라는 것을 모르고,

우리의 행복이냐 불행이냐의 선택이 투표라는 것을 모르고,

대한민국 국가권력의 서열이 대통령, 국회의장, 대법원장, 헌법재판소장,국무총리, 여당대표, 야당대표,국회부의장 임은 알면서도 정작 중앙선거관리위원회 위원장이 서열 6위라는 의미도 모른다.

정당, 혈연, 학연, 지연이라는 감성에 빠져 다음 세대만을 생각하는 정치가(政治家), 우리에게 행복을 주는 정치가를 외면하고 다음 선거만을 생각하는 정치인(政治人). 우리에게 불행을 주는 정치인에게 투표하는 것이 우리와 우리의 자녀와 후손의 불행인지를 모

르고 있다.

100점 대한민국이 된다는 것은 "부모의 마음으로 형제의 마음으로 자식의 마음으로 국민을 사랑하고 헌법대로 나라를 다스려 국민이 행복하고 안정적인 삶을 살게 하는 것" 이라는 소신을 가진을 가진 "다음 세대만을 생각하는 정치가의 정치가 되는것" 입니다.
10대 경제부국, 5대 국방강국을 지키고 발전시켜 좋은 세상에서 살아가는 유일한 방법입니다.

국민은 80점 나머지 20점은 어디에 있나.

더 이상 설명이 필요할까요?
이미 당신은 무엇인지 아시고 계십니다. 그래서 후회도 한번쯤은 하셨을 거구요

정당, 혈연, 학연, 지연에 따른 감성에 치우쳐 투표하였던 지난 투표문화를 지양하고 다음 세대만을 생각하는 정치가(政治家). 우리에게 행복을 주는 정치가(政治家)를 선택하는 현명함을 지향하고

투표는 "우리와 우리의 자녀와 후손이 행복이냐 불행이냐를 선택하는 것"

"세상의 괴로움과 즐거움은 선거에 달려있다" 라는 천하우락재선거 (天下憂樂在選擧)를 이해하고 투표하는 것 입니다.

혈연, 학연, 지연. 정당. 지역이라는 감성적 투표를 지양하는 것, 잃어버린 20점 입니다.

정치는 30점. 나머지 70점은 어디에 있나.

정치가 무엇인가 물으면 글자 그대로 따져서 나라 정(政) 다스릴 치(治)로 나라를 다스리는 것이라 한다.

그러나

무엇을 어떻게 누가 다스리지? 물으면 나라를 다스리는 것이 정치라는 것은 알지만 무엇을, 어떻게. 어떤 마음으로 나라를 다스리는지 말하지 못하는 것이 대한민국 정치판이다.

4,000여년전 살았던 공자는 논어를 통해 "정치(政治)는 정야(正也)라 하였다. 잘못된 것 을 바로잡는다는 뜻이다.

이를 몰라서 말하지 않는 것이 아니라 알면서 행하지 않은 자신들이 부끄럽기 때문이리라.

필자는 정치를 "국민의 고통을 가슴과 행동으로 풀어내는 예술" 이라 극찬하는 이유도 이와 같다.

고로, 대한민국 장치가 30점이라 하는 이유는 "국민의 고통을 가슴과 행동으로 풀어내지 못하는데 있고" 잘못된 것이 있는데 이를 당리당락에 함몰되어 사익을 추구하고 있기 때문이다.

또다른 이유는 주인이 주인답지 못한데 있다.

다음 선거만을 정치인(政治人)과 다음 세대만을 생각하는 정치가(政治

家)를 구별 못하는 선거를 하고 있었기 때문이다.

지금까지 정당, 혈연, 학연, 지연에 따른 투표를 하여왔기 때문이다.

그렇게 찍어? 놓고. 찍은 사람이 잘못하면 입을 다물고 잘하는 것은 훈장을 받은 양 자랑을 하고 찍지 않은 사람이 잘하면 입을 다물고 잘못하면 훈장을 받을 것처럼 욕을 하는 것이 대한민국 유권자의 현실이었다. 물론 필자도 그중의 한사람 일지도 모르지만 내가 찍은 사람이 잘못할 때 철저히 지적질 하였던 것이 필자다.

나라를 다스린다는 것을 정치(나라政 다스릴治)라 한다면 무엇을 다스린다는 것인가

영토(국토)와 영토에 거주하는 백성(국민)과 백성을 다스리는 율(헌법)이 있어야 국가이다.

나라(政)를 다스리는(治) 것은 *국토를 수호하고 *국민의 행복과 안정적 삶을 지향하고 *헌법을 수호하는것 이다.

무엇을 어떻게 다스린다는 것일까

헌법에 명시한데로 나라(국토, 국민)를 다스리는 것이다.

무슨 마음으로 다스린다는 것일까

부모의 마음으로 형제의 마음으로 자식의 마음으로 다스리는 것이다.

다스리는 사람은 어떤 사람이어야 하는가

"다음 선거만을 생각하는 정치인(政治人)이 아니라 다음 세대의 행복과 안정적인 삶을 위하는 정신을 가진 정치가(政治家)"

세기 최고의 법전인 바이마르헌법을 기초하여 제정된 안민(安民)의 지침서인 헌법을 목숨처럼 여기는 사람

사람 위에 사람 없고 사람 밑에 사람이 없도록" 헌법을 다스리는 사람

즉,

부모의 마음으로 형제의 마음으로 자식의 마음으로 국민을 사랑하고 헌법에 따라 나라를 다스려 국민의 행복과 안정적인 삶을 실현하고자 하는" 정치의 정석에 따라 행동하는 사람이다.

대한국민은 90점. 국민은 80점인 10대 경제부국, 5대 국방강국인 세계 일류국 대한민국이다.

마음만 먹으면 세계 1등을 차지하는 대한민국이다.

그럼에도 유독 정치에서만은 30점도 안되는 평가를 받고 있는 것은 작금의 위정자들이 국민이 주인임을 헌법에 명문화한 헌법을 외면하고 방기하였으며 정치의 정석인 부모의 마음으로 형제의 마음으로 자식의 마음으로 국민을 사랑하고 헌법에 따라 나라를 다스려 국민의 행복과 안정적 삶을 유지를 방관하고 국민에게 위임받은 봉사권을 권력으로 호도하여 명예보다는 권력을, 청렴보다는 탐욕을 우선 시 하였기 때문이다.

대한민국 정치가 30점이 된 시발점은 우리와 우리의 자녀와 우리 후손의 안정적이고 행복한 삶을 영위할수 있게 하도록 세기 최고

의 법전인 바이마르헌법에 기초하여 제정된 헌법을 위정자의 탐욕을 위하여 잉크도 마르지 않은 시점에서 훼손하기 시작하였기 때문이다.

헌법개정의 요인은 국민의 삶의 흐름과 시대의 변화를 능동적으로 대처하기 위 함 일진데 다음 선거만을 생각하는 정치인(政治人)의 탐욕에 의하여 무력으로 9번이나 개정함으로서 헌법에 따라 나라를 다스리고 다음 세대만을 생각하는 정치가(政治家)는 실종되어 버렸고 다음 선거와 사욕과 권력만을 지향하는 정치인(政治人)이 득세하는 탐욕의 정치가 제도화되어 버렸고 영구집권의 야욕을 가진 대통령은 불행하게 생을 마감하기도 하고 권력놀음과 재산증식에 심취한 정치인은 경제인과 유착하고 이들을 협박하여 부를 축적하고 심지어 자신들만의 패거리로 상류사회 리그를 조성함으로서 국민에게 고통과 피폐한 삶의 터널에 가두어 놓은것은 이러한 위정자들 때문이었다.

이러한 정치인의 탐욕의 정치는 국민이 있음으로 존재하는 국민의 공복인 공무원은 국민의 상전으로 군림하게 하는 단초를 제공하였으며 돈이 없으면 유죄이고 돈이 있으면 무죄라는 "무전유죄 유전무죄" 권력이 있으면 무죄이고 권력이 없으면 유죄라는 "유권무죄 무권유죄" 돈이 많으면 무죄이고 돈이 적으면 유죄라는 "고금무죄 저금유죄"를 상식처럼 만들어 버렸으며. 정치권력과 유착하여 시장을 독점하여 부를 쟁취한 기업은 아홉을 가졌음에도 마지막 하나까지 가지려는 탐욕을 능력으로 치부하고 부동산이나 금융

등 노동 없는 부를 창출한 부자들은 노블레스 오블리주는 고사하고 고리대출의 블랙홀을 만들어 서민에게 빨대를 꼽아 빈부의 양극화를 심화시켰으며

정론직필의 붓을 일찌감치 꺾은 페이퍼 언론은 기업의 약점을 이용하여 기업위에 군림하며 광고에 치중하고 대통령을 비롯한 정치권의 약점을 잡는 상업언론으로 변질 되었으며

사선노후(社先勞後)의 덕목을 외면하면서 하나를 얻으면 둘을 얻으려 하고 둘을 얻으면 셋을 얻는데 혈안이 되어있는 노동조합은 정치권력을 지향하여 자신의 직장인 기업이 글로벌시장에 진출하는 기회를 위협하고 나아가 경제대국으로 가는 걸림돌이 되어 버린지 오래이다

아홉을 가졌음에도 마지막 하나 까지 가지려는 욕심이 극에 달해 있는 자유시장경제로 갈길을 찾지 못하는 중소기업. 이웃을 사랑하여야 하는 본질보다는 돈벌이와 정치권력에 편승하는 교회. 대학을 나와야 중산층으로 잘산다고 학부모를 현혹하여 돈벌이 사업으로 전락한 교육 등으로 풍요로운 대한민국에서 풍요롭게 살지 못하는 것이 대한민국 국민의 현실이다.

이를 타파하는 유일한 길은 유권자에게 달려있다.

투표는 대한민국의 주인 인 우리가 행복하게 살 것 이냐 불행하게 살 것 이냐 를 결정하는 것이며 부모와 형제와 자식을 사랑하는 마음으로 헌법에 기초하여 안정적인 삶과 행복을 훼손하지 않을 정치가를 선택하는 것이며

국민을 사랑하고 헌법을 훼손하지 않을 정치가를 선택하는 것이다.

대한민국 정치가 30점에 미치지 못하여 우리와 우리의 자녀들이 피곤한 삶을 사는 것 은 유권자가 유권자 답지 못하였기 때문이다. 대한민국의 주인인 유권자가 주인과 주인의 자녀와 후손에게 행복을 주는 정치가를 선별할 줄 몰랐고. 다음 선거만을 생각하는 정치인이 누구인지 다음 세대만을 생각하는 정치가 가 누구인지를 선별하지 못하였기 때문이다.

잃어버린 70점은 대한민국의 주인인 유권자가 정당, 혈연, 학연, 지연에 따른 감성적 투표를 지양하고 다음 세대만을 생각하는 정치가(政治家)를 선택하는 100% 투표문화 뿐이다. 국민이 잃어버린 20점은 곧 이것이고 이것이 이루어질때 국가도 100점, 국민도 100점, 정치도 100점이 될 것이다. 바로 우리와 우리의 자녀와 우리의 후손이 아름다운 대한민국에서 행복하고 안정적인 삶을 살 수 있는 길이다

제 3 장

대한민국 정치는 왜 30점이 되었나

대한민국 정치가 30점이 된 이유

위대하고 찬란한 반만년의 역사를 가진 대한민국이, 세기 최고의 법전인 바이마르 헌법에 기초한 자랑스러운 헌법을 가진 대한민국이 30점 정치의 국가 가 된 것은 정치의 정석을 방기한 위정자들의 탐욕에서 기인하였다.

우리 민족은 북쪽으로는 중국의 요령성, 길림성, 흑룡강성, 서쪽으로는 랴오양시 근방까지 광활한 영토를 가진 조선민족으로서 국호를 조선으로 하였다가 26대 왕 고종 때 입헌군주국인 대한제국으로 변경하였으며 1910년 일제에 의해 국권을 상실하고 36년간 일제치하에 신음하다 1945년 일본이 대동아전쟁에서 패망하면서 미국과 소련이 통치권을 가지고 미국과 소련은 북위 38도를 경계로 하여 북쪽은 소련(소비에트연방)이 남쪽은 미국이 분할통치를 하게 되었고. 남쪽은 미국의 지휘, 감독하에 1919년 설립한 자유민주주의 대한민국 공화국이라는 국호로 국가의 기틀을 세우며 국민이 주인인 민주주의 국가로 힘찬 날개짓을 펴던 1950년 6월25일 부동항(不凍港,얼지않는 항구)의 야욕을 가진 소련의 사주를 받은 북한 인민민주주의 공화국의 김일성이 선전포고도 없이 무력으로 남침하였고 군대와 무기조차 준비되지 않은 우리는 속수무책으로 낙동강까지 후퇴하였다가 필리핀이 제안하여 미국과 유엔군이 참전하여 압록강까지 진격하였다가 중국공산군의 인해전술에 밀려 지금의 휴전선 근방에 이르러 쌍방 전투여력이 없는 상황에 이르게 된 1953년 7월27일 판문점에서 미국의 마크클라크, 중국의 팽덕회,

북한의 김일성이 지금의 휴전선을 경계로 하여 전쟁을 일시중지하는 휴전조약을 체결하여 냉전상태에 있는 것이 지금의 대한민국이다.

성실성, 근면성. 정직성과 우수한 두뇌를 가진 대한민국 국민은 밤잠을 자지 않고 노력하여 한강의 기적을 이루면서 눈부신 발전을 거듭하여 10대 경제대국. 5대 국방강국. 90점 국가, 80점 국민으로 환골탈퇴하였지만 정치만은 30점의 어두운 질곡에서 벗어나지 못하고 있는 것은 역대 대통령의 통치력과 통치방법에서 찾을 수 있기에 역대 대통령을 조명해 보고자 한다.

이승만 대통령 (1~3대. 1948.8.15.~1960.4,26. 자유당)

이승만대통령은 1919년 신익희. 이회영. 신채호, 여운형선생을 중심으로 설립한 상해 임시정부의 초대대통령으로서 해방이후 자유민주주의 공화국 대한민국의 초대 국회의장이고 초대 대통령이 된 인물이다.

1945년 8월15일 해방 후 입국한 이승만 박사는 1948년 5월10일 실시한 국회의원 선거에서 당선 되어 초대 국회의장이 되었고 동년 6월3일 헌법제정을 위한 헌법기초위원회를 구성하여 1948년 7월 17일에 헌법을 공포하였으며 동년 7월20일 국회의원 간선제로 치러진 대통령 선거에 당선되어 초대 대통령으로 취임 하였다

임시정부 대통령과 초대 국회의장이던 이승만 박사는 대한민국 초대 대통령으로써 세계 최고의 법전인 바이마르 헌법에 기초하여 헌법과 정부 조직법을 제정, 공표하고 각부장관과 시,도지사. 200여곳의 시장군수, 8천여 명에 달하는 일선 공무원을 임명하고 국가운영의 기초를 세웠다.

1950년 6월25일 한반도를 공산화 하려는 소련의 사주를 받은 김일성에 대항하여 미국과 유엔의 지지를 얻어내어 김일성과 공산주의 패거리를 축출하여 나라를 지켜내었다.

당연히 국부로 칭송받아 마땅한 분이며 존경을 함에 있어 필설로

그 감사함을 표하기에 부족한 분이다.

그러나 이승만 대통령도 인간이기에 광자나 견자의 품성을 다 가지지 못하였고 인자와 지자의 품성을 다 가지지 못하였으며 공무원 임용 또한 극복하지 못하였다. 공무원 임용에 관하여는 실정이라 치부하기도 하지만 불가역적인 측면도 고려하지 않을 수 없다. 공무원은 국가를 통치하는 대통령의 보좌역으로 보좌를 할 수 있는 능력을 가진 이는 일본글이나 한문(漢字)이 혼용된 일본으로부터 넘겨받은 국정의 행정문서(지적, 등기, 교통, 우정 등)를 이해하는 사람. 행정경험이 있어야 하는 사람으로 대부분 일제치하에서 공무원을 하던 사람을 채용할 수밖에 없는 형편이었기 때문이다.

이들은 거의 30~50대 로 30대는 일본이 통치하던 1918년에 태어나 학교를 다닌 사람이고 40세라면 1908년에 태어나 일본제국주의 치하 에서 학교를 다닌 사람이다. 50대 또한 그렇다.

결국 대통령을 보좌하는 공무원의 대다수는 이 분들을 제외하고는 거의 없었기에 이승만 정부가 임용한 대부분의 공무원은 일본제국주의 치하에서 공부를 하였던 젊은이. 공무를 보던 사람들. 일본제국주의 치하에서 살아남기 위하여 제국주의 사상을 공부 할 수 밖에 없었던 사람들. 일본제국주의에 협조한 사람들 뿐 인 것은 불보듯 뻔하다.

공무원은 있어야 되고, 경험자는 없고, 일본제국주의 치하에서 공부를 하고 공무를 보던 사람 들 이라도 임용할 수 밖에 없었던 것이다.

불가역적(不可力積) 이었다고 해도 과언이 아니다.

더구나, 이들은 조선청년을 일본화 하는 문화사업 하 에서 공부한 사람이 대부분으로 일본제국주의 신민이라 하여도 어쩔 수 없었을 것이다.

이는

사이토 마사코 총독이 1923년 설립한 조선사편찬위원회의 가슴 섬뜩한 편수지침을 보면 잘 나타난다.

『조선사 편찬위원회 설립 목적』

 ※조선의 강역은 압록강과 두만강 경계의 이남으로 하고 고구려 이전의 역사는 신화로 처리할 것

 ※제일 먼저,

-.자기의 일과 역사와 전통을 알지 못하게 할 것

-.민족혼, 민족문화를 상실하게 할 것

-.모든 선인들의 무위와 무능, 악행을 들춰내고 또한 과장되게 포장할 것

-.과장하여 포장한 것을 그대로 가르쳐 조상을 경멸하마음을 일으키게 할 것

-.점차적으로 자아 혐오증으로 발전시키게 할 것

※이렇게 함으로써 조선의 청소년들은 조선의 인물과 사적에 관하여 왜곡된 지식을 습득함으로써 경멸적 혐오증에 걸리게되어 허무감에 빠질 때 , 미화되고 과장된 일본의 역사와 일본의 인물. 문화를 주입시켜 조선인을 반 일본인으로 만들 수 있다.

이 얼마나 섬뜩한 말인가

1948년의 30~50대 대부분은 이로 인하여 일본의 강압에 의해 일본어를 공부하고 일본에 쇠뇌된 사람들이거나 위대하고 찬란한 반만년 역사를 왜곡편찬한 사람들처럼 일본에 우호적 이거나 우호적 이어야 했던 사람들 이었던 것이다.

대한제국의 어린이와 젊은이들은 어쩔 수 없이 일본말을 배우고 일본으로 유학을 가고 유학을 다녀와서는 일본제국의 공무원으로 경찰서나 시, 군 또는 면사무소에 배치 되었다.

이들이 듣고 배운 것은 일본 뿐 이고, 이들이 배운 것은 식민지의 백성들은 일본사람 말을 잘 듣고 따르기만 하면 되는 3류 인간이란 것을 배웠기에 말을 안 듣는 백성은 몽둥이가 약이고 교도소에 보내면 된다는 것만을 배우고 그렇게 하였을 것이다.

이들이 지금까지 잘사는 것 은 일본이 패망하면서 본국으로 돌아가자 우리 백성에게 수탈하여 사용하던 가옥이나 토지를 원래 소유자에게 돌려주지 않고 자신들이 차지하였기 때문이다.

이승만대통령의 공무원 임용이 불가역적 이었다고 이해 한다 하여도 친일을 청산하는데 반대한 여파는 오늘 이 시간 까지 존재하고 있다.

북 유럽국가는 수천명의 나치 추종자를 바로 숙청하여 나라의 기틀을 세웠지만 이승만 대통령은 가슴 깊숙이 자리 잡고 있는 일본 제국주의 정신을 간과하여 친일을 청산하지 못하여 아니, 하지 않음 으로서 지금까지 혼란을 야기하고 있는 것 이다.

만약,

이승만 대통령이 조선사 편수목적을 가슴에 새기고 있었거나 마지막 총독이었던 아베노부유끼〈아베총리의 조부〉가 한반도에서 철수하면서 한 말을 들었다면 분명히 친일청산을 하였을 것이다.

『우리는 패했지만 조선은 승리한 것이 아니다. 장담 하건데, 조선인이 제정신을 차리고 찬란하고 위대했던 옛 조선의 영광을 되 찾으려면 100년 이라는 세월이 훨씬 더 걸릴 것이다.

우리 일본은 총과 대포보다 더 무서운 식민교육을 심어 놓았다.

결국은 서로 이간질 하며 노예적인 삶을 살 것이다.

보라.

실로 조선은 위대했고 찬란했지만 조선은 식민교육의 노예로 전락할 것이다.

그리고

나 아베 노부유끼는 다시 돌아온다』

※우리가 국민학교(초등학교)에서 배웠던 대한민국의 역사,

대한민국 국사편찬위에 버젓이 올라있는 대한민국의 역사는 왜놈들이 조작하여 만든 역사이다.

이 얼마나 부끄러운 일인가. 그럼에도 고칠 생각은 커녕 일본을 찬양하는 세력이 아직도 존재하니 머리가 하얘진다.

아시아를 피로 물들였던 아시안 공동의 원수인 일본천왕을 숭배하는 신사에 참배만 하여도 공분하는 시점임에도 지금 까지도 일본

천황의 생일잔치에 참석하는 사람이 있는가 하면 국정감사 때 나온 말 이지만 *****회를 만들어 일본제국의 향수에 젖어있는 사람은 모두 그 사람들의 후손일 것 이다.

이승만 대통령은 현명하시고 위대하셨지만 대통령권력의 탐욕으로 장기집권에 집착하여 자신의 명예와 업적을 스스로 물거품으로 만들고 말았다
권력이 곧 법이라는 우매한 논리를 후세에 남김으로서 박정희 대통령 까지 따라 하다 비운을 맞이하게 하였다

이승만대통령을 이렇게 만든 사건은 헌법상 국회간선제로 치러지는 2대 대통령 선거에서 자신을 지지하는 국회의원 24명으로는 승리할 자신이 없자 잉크도 마르지 않은 헌법을 자신의 탐욕을 충족하기 위해 국민직선제로 바꾼 것이 첫 번째이다.

국민 직선제로 헌법을 개정하여 2대 대통령 선거에서 승리한 이승만 대통령은 1954년 민의원 선거에서 자유당이 승리하자 대통령권력의 달콤함에 함몰되어 1954년 11월, 또다시 개헌카드를 커내는데 그것이 스스로 무덤을 판 사사오입 개헌이 두번째이다.

이승만대통령은 대통령 3선 금지조항을 폐지하는 개헌안을 12월 27일 사사오입으로 통과 시켰지만 이 사건으로 말미암아 당신께서 평생 쌓아올린 명예를 헌신짝 처럼 버리게 될 것 을 알았다면, 대한민국 정치가 독선과 독재가 될 것 을 알았다면 절대 하시지 않

으셨을 것이다.

영구한 대통령 권력의 달콤함에 함몰되어 밀어 부친 사사오입(四死五入)개헌으로 대한민국 국민이 군부독재의 군화에 짖 밟힌다는 것을 알았다면 하시지 않으셨을 것이다.

1954년 12월27일 3선개헌 금지조항을 폐지하는 헌법 개정안을 부의하여 재적의원 203명 중 202명이 참석하여 찬성 135명 반대 60명 기권 7명으로 가결정족수 136명에서 1명 부족으로 부결되었는데 부결 이후 세계 정치사 역사상 희대의 사건이 사사오입(四死五入) 개헌이다.

한명 부족으로 부결된 다음 날인 12월 28일 자유당은 의원총회를 열어 재적의원 203명의 3분의 2는 135.333명으로 인수로 계산하면 135인 이나 수학적으로 사람을 소수점으로 계산 할 수 없다는 논리를 들어 소수점 0.333는 한 사람이 아님으로 0.333인을 버리면 가결정족수는 135명 이라는 주장을 체택한 다음 민주당 의원이 안심하고 회의장을 퇴장한 기회를 노려 자유당 국회의원 125명만으로 회의를 속개하여 소수점 0.5이하인 0.333를 버리면 가결정족수는 135인 이라는 즉. 4이하는 죽이고 5이상은 살리는 4사5입(四死五入)의 논리를 들어 번복가결동의안을 상정하여 김두한. 민관식을 제외한 123명의 찬성으로 대통령의 3선 금지. 국무총리제 폐지. 국무원 연대책임제 폐지개정안을 가결시킨 것이 이승만대통령의 하와이 망명을 자초한 사사오입개헌이다.

자신과 자신들이 만든 헌법을 대통령권력의 탐욕으로 헌법에 잉크가 마르기도 전에 두 번이나 바꾸어 버린 것이다.

사람을 소수점으로 계산할 수 없다고 한다면 135.99인 도 135인 이다, 그럼에도 0.5미만은 사람이 아니고 0.5이상은 사람이라는 아전인수(我田引水)의 무리수를 둔 것이다.

이 대목에서 사사오입의 심각한 오류를 짚어 보아야 한다.
4사5입 개헌을 합리화 시킨 황망한 사건을 일으킨 사람에 대하여 이다.
4는 죽이고 5는 살린다는 4사 5입은 당시 서울대 최윤식 수학교수가 아이디어를 주었다고 하지만 실제로는 자유당 국회의원 이익홍이 최윤식 교수에게 203명의 2/3는 몇 명이라 하지 않고 수학적 수치로 203의 2/3는 몇이냐 묻자 최교수는 203의 2/3는 135.3333이라 답하였고 이익홍이 소수점 0.3333에 대한 처리를 묻자 최교수는 수학 공식으로는 소수점에서 0.5이하를 버리고 0.5이상을 살릴 경우 이를 4사5입이라 대답 하였다 한다.
이 이야기를 들은 이익홍이 수학적 수치를 자유당과 이승만대통령에게 보고 함으로서 사사오입 개헌이라는 악마가 탄생한 것 이라고 기록하고 있다. 이 공로로 이익홍은 국회의원도 하고 장관까지 했다고 전해진다.
최윤식 수학교수가 막장정치의 희생물이 된 스토리 이다.

이승만대통령은 사사오입 이라는 악마를 이용하여 3선개헌의 목적을 이루었지만 이 사건으로 자유당과 이승만대통령은 국민의 분노와 실망을 야기 시키고 자유당 내부의 분열을 자초 하고 말았으며 스스로 만든 대한민국을 망치는 붕당정치를 뿌리 내리는 계기가 되어 결국 수십개 의 정당이 난립하여 국민을 분열시키는 지경에 이르고 말았다.

사사오입 개헌에 분노하며 손권배 를 비롯한 14명의 국회의원이 탈당하자 자유당은 이를 기화로 김두한을 비롯한 7명의 국회의원 을 해당 행위자로 몰아 출당 시키면서 자유당 국회의원은 125명 에서 104명이 된다. 그래도 재적 203명의 국회에서 개헌이나 대통령 탄핵 이외에는 무엇이던 하고 싶으면 하는 과반의석을 유지하는데 만족하지만 가장 중요한 국민은 생각하지도 않았던 것이다.
대통령과 국회의원이 누구 때문에 존재하는지를 까맣게 잊고 있었던 것이다.
다수결 과 의결정족수, 사사오입의 그릇된 생각은 무분별한 붕당의 초석이 되었고 국민에게 정신적 피해를 주고
혼란을 야기하고 말았던 것이다.

사사오입 개헌 사건으로 자유당에서 탈당하거나 출당을 당한 국회의원들은 해를 넘긴 1955년, 야당 국회의원들과 함께 서민과 중산층을 위한 기치로 민주당을 창당하고 일부는 진보당을 창당하면서 양당정치를 기본으로 하는 민주정당정치에 씻지 못할 흠집을 남기고 말았다.

사사오입 개헌으로 장기집권을 확보한 이승만 자유당정부는 1960

년 제4대 대통령 선거를 앞두고 들 끓는 민심으로 당선이 불확실해지자 해방 후 불가역적 측면에서 임명한 경찰과 관료조직을 동원하여 유권자 40%에게 사전에 투표하도록 유도하고, 이탈을 방지하기 위하여 3~5인이 함께 투표하도록 하며, 투표를 독려하는 완장부대를 두고 야당 참관인을 투표장에서 내쫓을 것을 내무부에 지시하는 관제선거를 실시한 최초의 대통령이다.

자유당 정부는 막대한 선거자금을 조달하기 위하여 산업금융채권을 발행하고 은행융자를 알선하여 뇌물을 챙기고 대기업으로부터 강제로 헌금을 받아 선거자금을 마련하고 관권과 금권을 이용하여 치른 선거가 3.15 부정선거이다.

이승만 대통령은 관권선거와 아울러 돈 선거를 뿌리 내린 대한민국 최초의 대통령이 되었고 "선거는 돈"이라는 괴물을 만들어 2,000년 초반 까지 이어지게 하였다.
오직 대통령 권력의 탐욕으로 헌법도 고치고 유권자를 기망한 대통령이라 할 것이다.
3.15 부정선거의 대가로 자신의 오른팔인 이기붕 부통령의 자결을 목도하였고 자신은 하와이로 망명하여 타국에서 쓸쓸한 죽음을 맞이한 것 또한 사사오입 개헌이라 할것이다.

당시 국민은 꼭두새벽에 논밭에 나가 보리밥 한그릇과 도랑물로 점심을 떼우고 하루 종일 땀 흘려 일 하다가 땅거미가 지어야 집에 돌아야 보리밥 한 그릇으로 저녁을 먹는 세상이었다.

눈이 쌓이는 겨울이면 보리 겨 와 죽으로 연명하고 봄이 되면 풀죽을 먹거나 이것마저 없으면 하루 두끼 굶는 것이 다반사였던 시절이었다. 보릿고개 이다.

레저와 문화는 있는지도 몰랐고 학교는 그냥 꿈이었던 시절이었다.

세상 정보는 조금 잘사는 집이나 우편으로 전날의 신문을 받아 보는 정도였고. 국민 모두가 볼 수 있는 정보는 동네 중심에 커다란 종이에 국가시책을 알리는 "국민에게 알리는 글" 이라는 대자보 뿐 이었고 글을 모르는 사람은 이 마저도 귀동냥을 해야만 했던 시절이었으며 지역의 국회의원이 누구인지 면장이 누구인지 관심도 없었다.

오직,

굶지만 않고 일 년 내내 밥 세끼 먹고 자식들이 아프지만 않으면 그것이 행복이라 여겼던 시절이었다.

우리의 선배 유권자들은 정치가 무엇인지도 모른 채 관료와 이장이 말씀 하시는 것을 존경으로 생각하여 투표권을 바치고 공포 속에서 유권자의 권리를 침탈당하여 왔다.

유권자는 죽어 있었고 권력의 탐욕은 살아있는 것처럼 보였지만 결국 권력은 유권자보다 일찍 죽었다.

『물고기(君主)는 물(百姓)을 떠나면 죽지만 물(百姓)은 물고기(君主)가 떠나도 여전히 물(百姓)이다』 라는 공자의 말씀이 1960년, 대한민국에서 현실이 된 것 이다.

이승만 대통령의 4사5입 개헌은 대통령 권력이면 무엇이던 할수 있다는 본보기가 되었고 박정희 대통령의 장기집권 시나리오인 유신헌법의 기초가 되었으며 삼권분립의 원칙이 지금까지 실행되지 못하는 원인이 되었으며 대통령의 권력으로 헌법까지 바꿀 수 있다는 자신감을 심어주었으며 패거리들은 다수결의 원칙을 금과옥조로 여기게 되었고 이를 답습한 박정희 대통령도 이승만대통령의 전철을 밟고 말았다.

무분별한 붕당으로 백성을 사랑하고 다음 세대를 걱정하는 근본과 사명감을 가진 정치가는 실종되고 돈과 권력의 탐욕으로 배를 채우고 유권자 위에 군림하면서 다음 선거만을 생각하는 정치인들의 세상으로 만든 장본인 이라 할 수 있다.

이승만대통령을 단적으로 표현한다면

대한민국 민주정치의 첫 단추를 잘못 펜 대통령이다.

대통령과 당 총재의 눈도장으로 뱃지를 달은 정치인들은 대통령과 당 총재의 명령?에 복종하는 상명하복(上命下服)은 공무원 복무지침이 되어 지금까지 내려오고 있으며 상식이 되어 버렸다.

국민을 헌법상 평등을 유지케 하고, 자유로운 경제활동을 보장하면서 약자를 보호하고 노력과 능력을 인정하고, 역동성을 보호하고, 나라를 다스림에 있어서는 책임을 전가하거나 거짓말을 하지 말아야 하며 개인의 인격보다는 국격을 우선하여야 하며 국민생활의 안정적 발전을 위하여 한발짝 씩 혁신하여야 하는 것이 민주주의 정치의 기본이며 가치이다.

이승만 정부 초기에는 지금과 달리 여당이 하면 무조건 트집만 잡아 반대하고 야당이 하면 무조건 반대하기 보다는 백성을 사랑하는 마음을 견지하면서 서로 머리를 맞대었다.

보수도 진보도 필요 없었으며 있어야 할 이유도 없었다.

오직 필요한건 국민이 하루세끼 먹는 걱정. 북한의 남침 걱정 뿐이었다.

이를 책임지고 행하는 집단이 여당이고 행위에 반할 때 이를 바로받는 집단이 야당이었을 뿐 이었다.

여당이 올바르면 야당이 존재할 명분이 없다. 죄 짓는 사람이 없다면 경찰이나 검찰이 필요없는 것 처럼 오로지 백성의 먹고 자는 문제... 그 한 가지였던 시절이었다.

백성의 안정적인 삶과 백성을 아끼고 사랑하는 법을 만든 사람들이니, 정치의 정석을 만든 사람들이니, 더 말할 나위가 없었고 지구상 최고의 법전이라 인정받는 바이마르 헌법에 기초하여 대한민국 헌법을 만들고, 대한민국을 정통민주국가로 만들어 만 백성의 존경과 찬사를 받아 마땅한 대통령 이었다.

그러나

대통령권력이면 무엇이든 할 수 있다는 어리석은 생각과 그릇된 탐욕으로 3선 개헌을 가결시키기 위한 사사오입 사건으로 대한민국 민주주의의 정통성을 훼손하고 자신의 영광과 존경을 허공에 던져버리고 망국병인 붕당정치를 초래하고 관권선거와 금권선거를 유발시키고 헌법을 유린한 대통령이다.

다수결과 의결정족수만 충족되면 대통령 권력을 이용하여 헌법이던 무엇이던 해도 된다는 탐욕을 심어주어 유신정부를 탄생시켜 국회의원까지 마음대로 임명하는 대통령을 탄생 시킨 첫 단추를 잘못 꿴 대통령 이다.

정치의 정석은 단순하다.
명덕(明德)하고 ,친민(親民)하며, 지어지선(至於至善)하고
인의예지(仁義禮智)로 백성의 안정과 안녕만 생각하면 되고 국민의 안정적인 삶을 살도록 국민을 아끼고 사랑하면서 헌법에 따라 다스리면 되는 것이다.

박정희 대통령(1962.3,24 ~1979.10.26. 제5대~9대 민주공화당)

박정희 대통령은 3.15 부정선거로 인해 4.19 학생 의거로 실각한 이승만 대통령이 헌법을 개정하여 만들어 놓은 국민 직접투표제를 다시 국회간선제로 바꾸어 국회에서 선출된 윤보선 대통령을 1961년 5월16일 군인을 동원하여 실각시키고 1962년 대통령 권한대행으로 국정을 장악하여 1963년 10월15일 취임한 제5대 대통령이다.

6.25 전쟁으로 피폐 해 질대로 피폐해진 대한민국은 운크라(UNKRA.국제연합부흥원단)와 언커크(UNCURK.국제연합한국부흥위원회)의 지원이 있음에도 농업기술부족과 농지부족으로 삼시세끼 제대로 먹지 못하던 시대의 대통령이었다.
일인당 국민소득(GNP)이 82~91달러로 북한보다도 못살던 세계 2위 빈민국의 대통령이었다.

박정희 정부의 급선무는 이승만정부의 부패척결 보다 국민이 삼시세끼 먹는 것 이었다.
박정희 대통령은 먹고사는 문제를 해결하기 위하여 그 동안 지지부진했던 대일청구권을 이용하여 일본에게 10년간 3억달러를 지원받고, 2억 달러를 연3.5%의 이율로 7년 거치 상환조건으로 빌려오고 1억 달러는 상업용으로 빌리는 조건에 합의하여 지원받은 돈으로 밀가루 등 을 구입하면서 숨통이 틔기 시작하였다.
경제개발 5개년계획을 세워 외국에서 돈을 빌려와(차관. 借款) 새마을운동을 펼치고 바다를 막아 식량생산을 늘리면서 일자리가 조금씩 생겨나고 굶는 백성이 줄어들고 어린아이들은 웬만하면 국민학교(初等學校)는 다닐 수 있게 되었다.

독일에 간호사와 광부를 취업시키고 월남전쟁에 군대를 파견하여 외화를 벌어들이고 월남전쟁에서 미국으로부터 보급받은 신무기(M16소총 등)로 국방력도 키우게 되었다.

현저히 약한 국방력은 또 다른 핸디캡이었다, 미국과의 동맹도 중요하지만 북한과의 관계가 더욱 중요한 것은 시대가 바꾸어도 변하지 않는 것이 전쟁에 대한 걱정이다. 전쟁이 다시 시작되면 이기던 지던 간신히 만들어 놓은 모든 것이 물거품이 되고 젊은이는 희생되고 국민은 엄청난 고통을 받기에 특사를 파견하여 북한을 달래는 것이 북한과의 최고의 외교이었던 것이다. 그럼에도 불구하고 뒤로는 국민의 안녕을 위하여 북한을 달래 오면서도 앞으로는 안보라는 이름으로 선거 때 마다 빨갱이를 앞세워 70년간 투표에 이용한 것은 참으로 아이러니 하다.

박정희 대통령은 농민에게 장기저리융자로 동명목재에서 보급한 조립식 주택을 짓도록 지원하고 농촌마을을 집단적으로 개량하는 사업을 펼치고 만병의 근원인 화장실을 개보수하여 국민보건에 힘쓰시었고 나무대신 연탄을 사용케 하고 수로를 정비하여 치산치수를 성공 시키며 일명, 무에서 유를 창조한 "한강의 기적 '을 일구어낸 대통령이다.

이 당시 대다수의 국민은 정치가 무엇인지 알 필요도 없고 관심을 가지지도 않았다. 오직 삼시세끼 먹는 것. 자식들이 아프지 않는 것, 학교에 다니는 것, 이 세가지 면 전부가 되었던 시절에 가장 아픈 세가지를 이루어낸 대통령이니 지금도 역대 대통령 인기도 조사에서 항상 상위를 차지하는 것 이 그 이유이다.

이토록 노력하고 고생하시며 존경을 한몸에 받던 박정희 대통령도 영구집권을 위한 탐욕의 수렁을 피하지 못하고 이승만대통령의 전철을 밟게 되는 사건이 이승만 대통령과 같이 대통령 권력에 함몰되어 영구집권을 위한 3선금지 폐지 개헌이다.

이승만 대통령과 다른 짐이 있다면 대통령 직선제를 통일주체국민회의에서 대통령을 선출하는 간선제와 국회의원 1/3를 대통령이 임명하는 유신헌법이었다.

5.16 군사혁명(쿠데타)으로 대통령 권한대행이 된 박정희 장군은 1963년 10월 15일 46.6%를 득표하여 제5대 대통령에 당선되고 1967년 5월3일 51.45%를 득표하여 제6대 대통령이 되고나서 3선 개헌으로 1971년 4월27일 53.2%를 득표하여 제7대 대통령이 되고 난 이후 영구집권을 위한 포석으로 국회를 해산하고 간선제로 대통령을 선출하는 선거기구? 인 통일주체국민회의를 만들어 1972년 12월23일 통일주체국민회의 대의원 전원이 참석하여 만장일치로 제8대 대통령이 되더니 1978년 7월6일 지난 선거와 마찬가지로 만장일치로 제9대 대통령이 된다.

우리는 여기에서 잠깐 방향을 달리하여 임기라는 제도를 헌법이나 모임의 정관에 성문화 하는 이유를 살펴볼 필요가 있다. **임기 란** "임기를 준 사람이(有權者), 임기를 받은 사람이, 임기를 준 사람을 진정으로 사랑하지 않는다고 생각되었을 때 다른 사람으로 바꾸기 위해 기간을 정해놓은 것"이 임기이다.

무소불위의 권력을 18년 간 누린 박정희 대통령의 무질서한 사생활은 국모로 추앙받는 육영수여사의 인자함으로 묻어졌으나 대통령의 권력에 심취하여 장기집권에 걸림돌이 되는 측근들과 야당인사. 불만을 토로하는 국민에게 국가원수 모독죄를 신설하여 탄압하는 일을 주저 하지 않음으로 하늘에게도 용서받지 못할 폭군이 박정희 대통령이다.
물(國民)은 배(大統領)를 띄울 수도 가라 앉힐 수도 있음을 방기한 대통령이 더 어울릴지도 모른다.
사람이 악한일로 세상에 이름이 나면 비록 사람이 그를 죽이지 않더라도 하늘이 반드시 죽인다 하는 (若人(약인)이 作不善(작불선)하여 得顯名者(득현명자)가 되면 人雖不害(인수불해)이나 天必戮之(천필육지)니라 를 방기 하고 있었기 때문이다.

박정희 대통령의 권력은 무소불위 였고 민주주의 대한민국은 박정희 왕조국가 이었고 박정희 대통령은 왕(王) 이었다.
대통령에게 잘 보이기만 하면 정부사업을 받아 부귀영화를 누리고 국회의원이 되는 세상이 되었으며 남을 믿지 않는 성품과 극대한 편애로 조직의 위계질서를 무너트리고 결국, 위계질서를 파괴한 편애로 인한 총탄에 숨졌다고 해도 과언이 아닐 것이다.

민주주의 대한민국의 왕 박정희 대통령은 정치인과 국회(통일주체

국민회의)를 장악하고 총리, 장관, 공무원, 군대를 발밑에 두고 수시로 긴급조치를 발동하여 학생과 지식인과 언론을 장악하여 핍박하였으며 심지어 대통령모독죄를 신설하여 국민을 탄압함으로서 민주주의를 잃어버린 국민과 헌법을 잃어버린 국민은 새로운 길을 찾아 나서야 했다.

강에 비가 많이 내려 흙탕물이 되면 숨을 못 쉬는 물고기 가 새물을 찾아 가듯이 지식인과 젊은이(學生)는 죽은 민주주의에서 숨을 쉴 수 없자 그래도 숨이라도 쉴 수 있는 민족주의와 사회주의를 지향하게 되었고 민족주의자와 사회주의자 가 된 그들은 동조자를 포섭하기 위하여 노동현장으로 숨어들어 그들에게 이념을 설파하였고 그들은 그 행동을 민주화운동으로 포장하여 노동자, 농민의 봉기를 주도하고 한편에서는 태극기에 대한 경례와 애국가를 부르지는 않는 조직이 생기는 지경에 이르게 만든 대통령 이었다.

젊은이의 능력은 정치권력인 뒷배(빽)에 밀려 소멸되기 시작되었고 돈이면 다 된다는 황금만능주의 시대를 열었으며, 대학을 나와야 중산층으로 산다는 그릇된 인식을 학부모님들에게 깊숙이 심어주어 상아탑을 기업으로 만들었으며 국민의 역동성은 탐욕스런 기업에 유린당하고 중소기업은 권력을 등에 업은 대기업에 침탈당하는 것을 방기 하였고 기업은 권력가와 사돈을 맺는 것 에 사활을 걸게 하여 아직도 그 늪에 빠져 지금까지 허우적대고 있는 곳 이 대한민국이다.

백성을 사랑하는 근본인 정치의 정석은 이렇게 이승만, 박정희 대통령의 장기십권의 담욕으로 인헤 훼손되어 버렸고 그토록 노력하고 고생하였음에도 국민에게 멀어진 다음 그들은 참혹하게 세상을 떠났다.

사람이 악한일로 세상에 이름이 나면 비록 사람이 그를 죽이지 않더라도 하늘이 반드시 죽인다 는 若人 作不善 하여 得顯名者 가 되면 人雖不害 이나 天必戮之 라는 명심보감의 말씀은 정치를 직업으로 여기는 사람이 반드시 기억하고 새겨야 할 말씀이다.

이승만 대통령과 박정희 대통령의 공통점은 나라와 백성을 사랑하고 나라를 안정시키고 부강하게 만들었음에도 장기집권의 욕망으로 정치의 본질인 정치의 정석과 인간의 본성을 지키지 못하였다는 것이다.

전두환 대통령 (1980.9.1.~ 1988.2.24. 제11~12대. 민주정의당)

전두환 대통령은 아버지 같이 따르던 박정희 대통령이 김재규의 총에 맞아 서거하자 재빠르게 군부와 국회를 장악하고 통일주체국민회의에서 추대한 최규하 대통령을 밀어내고 1980년 8월27일 통일주체국민회의에서 대통령으로 선출 된 11대 대통령이다.

전두환 대통령은 5.18 광주민주화 운동에 연관되었지만 이 장에서 논하기에는 조금 부적절한 것 같아 생략한다.

박정희 대통령이 정치의 정석을 훼손한 것을 고스란히 유지한 대통령이라 보는 것이 맞을 것이다.

군대의 힘으로 정권을 유지 한다는 것이 민주주의 국가에서 금기 사항임을 알고 있었다면 이러한 이야기는 나올 수가 없을 것이다.

유신헌법의 잔재인 통일주체국민회의에서 재선을 하고 나서 대통령 선거를 직선제로, 임기를 7년 단임제로 변경한 것은 6,10 국민항쟁에 굴복한, 타의에 의한 행동이란 점이 이러한 평가를 받는 것이다

다만,

~~금융실명~~를 실시한 것은 업적이다. 전두환대통령은 한마디로 정치군인 이었다. 김대중 선생을 해금시킨 것은 고도의 정치적 계산에서 치밀하게 이루어 진 것 도 정치의 정석을 심각하게 훼손한 것으로 해석할 수 밖에 없다.

김대중 선생을 해금시킨 절대적 이유는 노태우 대통령 편에서 말씀 드린다.

노태우 대통령 (1988.2.25.~1993.2.24. 제13대, 민주자유당)

노태우 대통령은 6.10 민주항쟁으로 인하여 전두환 대통령이 대통령 직선제를 수용하면서 당시 민주정의당 대표의 자격으로 6.29선언을 한 대통령으로 할 말이 너무나 많은 대통령이다.

노태우 대통령은 1987년 12월16일 국민직접투표로 치러진 선거에서 김영삼, 김대중, 김종필 후보를 제치고 13대 대통령으로 당선된 것은 전두환 대통령이 김대중 선생을 해금시킨 덕택이라고 역사는 기록하고 있다.

김영삼(28.4%) 김대중(27.05%) 김종필(8.07%) 노태우(36.64%)의 득표율에서 보듯이 민주당 후보가 한분 이었다면 이길 수 없는 선거였다.

노태우 후보가 승리하는 길은 결과에 나타났듯이 오직 단 한 가지 전략 뿐 이었다. 진보정당인 민주당이 분열하여 두 명의 후보가 나오는 것이다.

그 기회를 포착한 것이 전두환 대통령이다. 민주당이 동교동계, 상도동계 로 나누어져 있고 두 분 모두 대통령에 대한 집착이 강하였다는 것이다.

김대중 선생을 해금 시킨다면 분명히 어떠한 방법이라도 대통령에 출마할 것 이라는 계산이 맞아 떨어진 것이다.

민주당이라고 권력 앞 에서 초연해질 수 없는 지경에 도달해 있었으니 전두환, 노태우의 진보정당의 분열이라는 호수가 먹혀든것이다. 지피지기 백전불태(知彼知己 百戰不殆) 이다.

득표율에서 보듯이 노태우 후보는 자신의 기본표 를 득표하였고 김대중, 김영삼 후보는 민주당 표 를 나누어 가졌기 때문이다. 나중에 두 분은 차례로 대통령을 하시게 되지만 평가는 극명하게 다르게 기록되고 있다.

노태우 대통령은 헌법상으로 대한민국의 주인은 국민이고 모든 권력은 국민으로 나온다는 원칙에 의거하여 국민이 직접 선출한 대통령이다. 37% 득표라 하더라도 민주적선거의 정통성을 가진 대통령으로서 역대 대통령 중에서 복이 많은 대통령 이기도 하다.
뒤로는 박정희. 전두환 대통령으로 이어지는 막강한 군부가 받치고 있고 야당의 공세는 김영삼 총재를 등에 업고 그저 보통사람만 외치면 되는 복 많은 대통령이었다.

또 다른 복은 전두환 대통령 말기에 꿈틀대던 주문자생산 제조업이 일본과 대만에서 한국으로 넘어오면서 일자리가 넘쳐나게 되고 그 여파로 인건비가 오르고 생활이 윤택해 지면서 국민은 불만이 있을래야 있을 수 없던 시절의 복 많은 대통령 이었다.
곳간이 풍부해진 대한민국은 대한민국을 속국으로 만 여겼던 중국. 동북아시아의 조그만 나라로 만 인식하고 깔보던 러시아와 교류를 트고 차관을 내어주고. 올림픽을 개최하여 한국의 경쟁력을 세계에 알린 대통령이었다. 국민의 삶은 안정되고 나라의 곳간이 풍족해진 시절의 복(福) 많은 대통령 이었다.
그러한 노태우 대통령에게도 탐욕이라는 숙명은 그를 빗겨가지 못했다. 대통령의 권력을 이용하여 대기업을 협박하여 거두어 들인

4,000억원에 달하는 비자금사건으로 징역15년 추징금 2,600억원의 판결을 받은 대통령이기도 하다.

노태우 대통령의 가장 큰 실정은 대한민국 제조산업의 미래에 관하여 절대적 오류를 범하였다는 것을 짚고 넘어가지 않을 수 없다.
노동관계법을 제정하면서 노동선진국의 노동법과 기업당사자 의견을 듣지 않고 노동학계와 노동계 의견만을 중심으로 노동관계법을 제정하여 "노동자는 천국이고 기업은 지옥 같은 법"을 만들어 노동자는 회사를 먼저 생각하고 회사는 노동자를 먼저 생각하는 사선노후 노선사후(社先勞後 勞先社後)의 미덕을 노동자와 기업의 욕심으로 변질시켜 상호간의 피해는 물론 대한민국 제조업의 미래까지 암울하게 만들어 버린 것이다.
노사 협상은 사선노후 노선사후 보다 "일은 조금하고 돈은 많이 받고, 일은 많이 시키고 돈은 조금주고," 에 포커스가 맞추어져 있었다.

제조업이 호황을 이루면서 제조업체의 생산직 근로자와 관리직근로자의 봉급이 대등해 지고 자가용을 굴릴 정도로 풍요를 누리게 된 원인은 일본과 대만으로부터 넘어온 주문자생산 제조업 때문이다.
노태우 대통령은 노동관계법을 제정하면서 일반제조업 만 생각하였지 주문자생산 제조업 을 간과하고 있었다.
자사의 브랜드로 국내외 시장에 판매하는 물품을 만드는 제조업

만 생각했지 일본이나 대만에서 넘어온 주문자생산 제품을 만드는 제조업에 대한 이해가 부족했었던 것이다.

제조업은 일반적으로 두가지 유형을 가지고 있다.
하나는 ,
국내 제조사가 자신의 브랜드를 붙여 국, 내외시장에서 판매하는 제품을 만드는 제조업과 또 하나는 주문자 생산방식 제조업이다.

주문자 생산방식은 두가지 형태로 주문자가 원자재와 시설을 제공하고 주문자의 요구에 따른 제품을 만들어 제공하는 방식으로 생산기업은 인건비를 받는 방식과 기술을 제공받아 요구하는 제품을 생산하여 제공하는 방식이다.

주문자생산방식 제조업은 전두환, 노태우 정부 이전에도 있었는데.
마산의 자유수출지역과 익산(이리)의 자유수출지역 이었다.
원자재와 생산기계(시설).기술을 제공받아 근로자를 고용하여 제품을 만들어 수출?하는 100% 주문자 생산방식제조업 이다.
경남 마산의 자유수출지역에 집 지을 때 쓰는 못을 생산하는 공장이 있었다.
일본의 못 생산회사가 일본에서 코리아타코마 해운사 선박으로 두루마리 철선을 싣고 와 못을 만들어 일본회사의 브랜드를 붙여 일본으로 되 가져가는 완전 주문자생산 제조업 이었다.
집 지을 때 쓰는 철 못은 두 번, 세 번 쓰는 제품이 아닌 일회성 소모품으로 가격이 싸야 된다. 이러한 싸구려 소모품을 생산하기 위하여 비싼 비용을 들여 원자재를 실어오고 실어 가는 이유는 단 한가지, 인건비가 비싼 일본에서 만들면 시장 경쟁력이 없기 때문 이다.

이와같이 주문자생산방식의 제조업을 유치하는 나라는, 인건비가 싼 나라에서나 가능한 일임을 알수 있다.

1980년대 후반 미국, 캐나다 등 인건비가 비싼 부자나라의 소모품 을 생산하는 주문자생산방식의 제조업이 멕시코와 남미국가에서 일본과 대만을 거쳐 대한민국으로 들어오면서 일하는 사람보다 일 자리가 많아지기 시작하면서 노동력의 가치가 빛을 발하기 시작하 였다.

이 대목에서 우리는 멕시코를 주목할 필요가 있다. 멕시코는 미국 의 접경국가로 1968년 올림픽을 개최한 남아메리카의 한 나라이고 대한민국의 1인당 국민소득이 169 달러 일때 1,970 달러의 나라였 다. 우리보다 열배 잘 살기에 올림픽까지 개최한 나라이었다. 올림 픽 개최는 국가의 위상을 높이고 관광객 유치로 많은 수익을 창출 하는 효과는 지대하지만 경기장 시설등 에 막대한 비용을 들여야 하고 사후관리에 따른 세금낭비를 고려하여야 한다. 어찌 되었든 멕시코는 대한민국보다 열배는 잘 살던 나라이었다.

멕시코에서 올림픽이 열리던 1968년의 대한민국 농촌은 궁핍하여 중학교를 진학하는데도 매우 어려움을 겪던 시기였으며 대부분의 농촌에는 전기불도 없던 시절이었다.

라디오는 커녕, 군대 통신선(까만 삐삐선)으로 연결해 마루에 달아 놓은 단 채널 스피커에서 동 트기전 "새벽종이 울렸네"가 흘러나오던 시절이었다.

멕시코가 우리나라 보다 열배를 잘 살은 이유는 인건비가 비싸서 소모품을 만들지 못하는 미국, 영국, 캐나다 등의 국가가 인건비가 싸고 물류비도 적게 드는 멕시코를 선택하였기 때문이다.
1970년 대 일본이 대한민국의 값싼 인건비를 이용하여 마산의 자유수출지역에서 못을 만들어 가는 주문자생산제조업과 같은 것 이다.
현재
우리나라의 소모품이 거의 중국제품인 것은 우리나라 인건비가 비싸서 시장공급가를 맞출 수 없기 때문이다.

올림픽을 개최할 정도로 잘 살던 나라가 지금은 우리나라 보다 못 사는 이유는 무엇일까?
올림픽을 치르고 나서 인건비가 상승함으로서 납품가격을 맞추지 못하면서 주문자 생산제조업이 서서히 문을 닫게되고 인건비가 저렴한 대만과 일본으로 넘어오게 된다.
이유는 단 한 가지 생산 인건비 상승 때문이다. 인건비가 상승하면 주문자가 요구하는 생산단가(납품단가)를 맞출 수 없기 때문이다.

주문자 생산제조기업이 멕시코에서 일본으로 대만으로 마지막으로 대한민국으로 넘어온 이유는 대한민국의 인건비가 저렴하였기 때문이었고 대한민국에서 중국으로 넘어간 이유도 인거비가 상승하여 납품단가를 맞추지 못한 이유인데 인건비 상승요인을 살펴보면 노태우정부의 노동관계법과 직결된다.

주문자의 생산수출 조건은 생산단가(납품단가)이다.
예를 들어,
주문자 국가의 시장가격이 1개당 1,000원 이라 할때 원자재와 운영 등 제반비용이 600원, 주문사의 마진이 150원, 생산 공장시설비용이 150원, 인건비용이 100원 이라 할 경우.
자의적, 타의적으로 인건비용이 30원 상승할 경우 납품계약단가는 고정되어 있어 인건비 상승분은 업체 운영비용에서 부담 할 수 밖에 없게 된다. .
원자재비용과 주문자 이윤. 물가상승분에 따른 인건비 상승분은 노동관계법으로 보장되어 있어 인건비 상승분은 고스란히 기업이 떠안게 되는 구조이기에 노태우정부의 노동관계법은 노동자에게는 천국이요 기업에게는 지옥 같은 법 이었던 것이다.

멕시코, 일본,대만의 사례를 보면 일반적으로 주문자생산제조업의 인건비는 최초 계약일로 부터 대략 5~6년 되면 15% 정도 상승하고, 7~9년이 되면 30% 정도 상승하였다 초기 5~6년 인상폭이 크지 않았다가 6년이 지나면서 급격히 상승하게 되는데. 인상분을 부담하여야 하는 주문자생산제조기업은 거의 사망 수준에 도달한다. 고로 생필품 주문자생산제조업은 10년을 버티지 못하는것 이 멕시코, 대만, 일본의 현실이었다.

이 시기가 되면 주문자생산제조기업이나 주문자는 같은 고민에 **빠**지는 시기이다.

막대한 투자를 한 주문자생산제조업 기업은 BEP점(손익분기점, Break Even Point)를 돌파하기 위하여 주문자와 인건비 상승 부담금의 공동부담 협상이다. 협상은 두 가지를 충족하면 거의 이루어지는데 하나는 제품의 질이 좋아진 경우와 제품의 원활한 공급이 가능한 경우이다. 이때 주문자는 제품 선적일을 지키지 못하였을 때 배상을 하는 페널티 조항을, 제조기업은 연례행사처럼 발생하는 임금협상(賃金鬪爭)으로 인한 파업기간을 고려한 선적일 조정이다.

그럴망정 노동조합은 노동자에게는 천국같은 합법적인 노동관계법에 의거하여 봄(春鬪), 여름(夏鬪), 가을(秋鬪), 겨울(定鬪) 로 나누어 정기적으로 임금인상투쟁을 한다.

노동조합 간부들은 인건비 조정, 근로조건 개선 등 자신들의 조건에 부응하지 않으면 공장정문에 바리게이트를 치기도 하고 작업장을 원천적으로 봉쇄하기도 하고 현장에 들어가서는 소위 깡통 두드리기로 회사를 압박하고 심지어 일부 야당은 이에 동조하여 현장에 출동하여 기업을 압박하는데 주저하지 않았던 것이다.

『깡통 두드리기

작업은 하되 시늉만 낸다는 말로 정상적으로 10대를 생산한다면

5~6대 정도만 생산하는 스트라이크 행위로 무노동 무임금을 빠져나가는 방법.』

임금투쟁이 정례화 되면서 근로자(勞動組合)와 기업의 갈등은 임계점을 넘어서고 노동자는 회사를 먼저 생각하고 회사는 노동자를 먼저 생각하는 사선노후 노선사후(社先勞後 勞先社後)의 공동의 미덕은 먼 나라 이야기가 되었으며 상대를 이해하고 배려하는 한국인의 아름다운 노동정신은 실종되어 버렸던 것 이다.

노벨문학상을 수상한 "대지의 작가 펄벅여사의 회고록에서 한국인의 아름다운 노동정신에 대하여 극찬을 하고 있다.
펄벅 여사가 한국을 연구하기 위하여 들어왔다가 "농부는 지게에 볏단을 지고, 소는 짐을 싣지 않은 달구지를 끌고 가는 것 을 보고 펄벅이 농부에게 묻기를 " 달구지에 볏단을 실을 공간도 있고 타고 갈 공간도 있음에도 굳이 무거운 볏단을 지고 가십니까? 하고 묻자, 농부는 "소 도 하루 종일 일해서 피곤한데 어찌 볏단을 싣고 나 까지 타고 가느냐" 하였다 한다. 이렇듯 한국인은 아무리 동물이라고 해도 이해하고 배려하고 사랑하고 노동의 가치와 고마움을 알던 민족성에 감동을 받았다 하는데 만약 주문자생산제조업체를 방문하였다면 대한민국을 어떻게 생각하였을지 불보듯 뻔할 것이다.

주문자생산제조업 생산직 근로자(勞動組合)와 제조기업의 갈등이 임계점을 넘어버린 원인은 멕시코와 대만, 일본의 주문자생산제조업 실태와 노동관계법을 온고이지신하지 않고 기업을 배제하고 노동자중심의 학자와 노동당사자에게 노동관계법 제정을 맡긴 노태우대통령의 무능이라 할것이다.

주문자생산제조업의 특성을 간과한 노태우 대통령의 노동관계법은 지금까지 국내제조기업의 발목을 잡고 있다.

노동조합 고위직의 일터는 현장이 아니라 노동조합 사무실이었고, 심지어는 연대투쟁이라는 명목으로 다른 회사의 스트라이크를 독려하거나 부추키는 출장도 서슴치 않았기 때문이다.

노태우정부는 기업에게 지옥같은 노동관계법을 깨닫고 극약처방을 하지만 이미 노사관계는 임계점을 넘어선 후 이었다.

정부는 노동관계법을 개정하기 보다 근로자 파견법을 시행하였는데 이는 제조업체의 파업으로 인한 생산중단을 막기 위함이었는데 이는 의사가 진맥하여 처방한 약을 먹는 것이 아니라 약사가 주는 약을 먹는 것 과 같은 임시방편적 정책으로 악수가 되어버린 것이다. 윗 단추를 잘못 꿰어 우그러진 옷의 우그러진 부분만을 다리는 우스꽝스런 다리미 정책이었다.

파업 공백을 메꾸려 파견된 근로자는 주문자생산제조업체의 제품생산에 대한 노하우가 없는 일반 생산근로자는 이미 기업을 배려하지 않는 감정이 내재되어 있는 근로자와 함께 제대로 작업을 할 수가 없었고 설령 열심히 하면 스파이로 낙인 찍히거나 왕따를 당해 버림으로서 생산중단을 막기는커녕 오히려 그들에게 대부분 흡수될 수 밖에 없는 지경에 이르렀다. 고질적인 병이 들은 환자에게 근본적인 치료보다 당장의 통증만 없애는 주사를 놓는 우스꽝스런 정책이 되어버린 것 이다.

근로자 파견법에 실패한 노태우정부는 소사장(小社長)제 또는 아웃소싱(outsourcing)이라는 또다른 악수를 둠으로서 대한민국 노동자의 고질적인 병폐인 비정규직을 양산하여 지금까지 노동자에게는 비정규직이라는 고통을 주고 급기야 사회문제를 야기 시켰다.

『소사장제 또는 아웃소싱 (outsourcing)
기업업무의 일부 부분이나 과정을 경영효과 및 효율을 극대화 하기 위한 방안으로 제삼자에게 위탁하여 처리하는 것.』

이 정책은 주문자생산제조업체와 일반제조업체 그리고 호봉이 높은 고참 생산직 근로자나 노동조합 간부에게는 달콤한 정책이었다.
생산라인의 한 파트를 이들에게 위탁하여 생산을 함으로서 기업은 노동조합을 상대하지 않아서 좋고 파업걱정도 사라져 좋고 선적기일을 걱정하지 않아 패널티 걱정도 사라져서 좋았고 위탁을 받은 소사장은 퇴직금이나 별도의 수당을 지급하지 않는 비정규직을 직원으로 사용하여 수익이 배가 되어 좋았던 정책이 소사장제 정책이었다.
그 피해는 고스란히 무조건 노동조합 손을 들어주던 근로자 이었다.

주문자생산제조업이 멕시코와 남미국가, 일본, 대만으로 이동한 이유를 파악하여 그 나라들이 간과한 노동법을 정비하였다면 비정규직은 탄생되지 않았을 것이고 IMF 환란도 없었것 이다.

사회변화에 능동적으로 대처하는 능력이 결여된 대통령이 노태우 대통령이다.

김영삼 대통령 (1993.2.25.~1998.2.24. 제14대. 민주자유당)

김영삼 대통령은 1990년 1월 22일 민주자유당(박태준). 신민주 공화당(김종필)과 힘을 합쳐 42% 를 득표하여 민주당 김대중 후보 (33.8%). 통일국민당 정주영 후보 (16.3%)를 이기고 제14대 대통령이 되었다.

당시 국회의원은 박태준이 이끄는 민주자유당이 128명. 김영삼이 이끄는 통일민주당이 60명. 김종필이 이끄는 신민주공화당이 35명을 합한 217명 이었다. 단일정당 217석은 지금까지 깨지지도 않았고 깨질 수 없는 의석수 이다.

국회의석 2/3 가 넘으면 보수이던 진보이던 독재가 되고 국민의 의사는 반영이 되지 않는다.

정당이 합당을 한다 해서 이유를 달 국민은 없다. 민주주의 정당정치의 근본인 보수, 진보의 양당 정당정치에서 보수정당 끼리 진보정당 끼리 분열하기도 하고 단합하기도 하는 것은 그 누구도 크게 문제 삼지 않는다.

다만,

보수와 진보가 단합하는 것 을 이해하고 반기는 국민은 그리 많지 않다.

김영삼은 대통령 권력을 차지하기 위하여 평생 쌓아올린 진보 이념을 헌신짝처럼 버리고 보수이념인 박태준, 김종필과의 합당은 대한민국 정당정치를 암흙의 터널로 밀어 넣어 버린 것을 감안하면 이는 야합정치로 당연히 질타를 받아 마땅하다.

김영삼 대통령은 대통령 권력을 위해서라면 무엇이든 하여도 된다는 전례를 남기고 "정치는 살아있는 생물" 이라는 어처구니 없는 괴물을 탄생시켰다.

정치는 국민의 안정적 삶을 위하여 헌법에 명시한 데로 국민을 아끼고 사랑하기만 되는 단순한 것으로 그것이 정석인데 어찌 자신의 이익에 따라 움직이는 생물이라 할 수 있다는 말인가.

김영삼대통령은 김대중대통령과 함께 대한민국 진보정치의 대부의 칭호를 받는 하늘같은 명예를 가졌지만 대통령의 야욕으로 사사오입 개헌으로 모든 명예를 잃은 이승만대통령과 이승만대통령을 본받아 유신헌법으로 명예를 잃은 박정희대통령의 탐욕을 이어 받은 대통령이며 그 탐욕을 안철수가 물려받아 대한민국 정당정치와 국민을 혼돈 속으로 몰고갔다.

안철수원장을 김영삼 대통령 편에서 언급하는 이유가 바로 대통령의 권력에 심취하여 정치의 정석은 아예 생각하지도 않고 정치는 생물이라며 좌우사방을 살피지 않고 발 닫는데로 행동하였기 때문이다.

안철수원장은 국민이 열광한 정치 풍운아 이있다.
안철수원장은 1995년 33살의 나이로 단 3명으로 서초동의 조그만 사무실에 안철수 컴퓨터바이러스 연구소라는 정보보안업으로 시작하여 14년 만에 약 700억 원의 매출을 올린 시대의 젊은 영웅이다.

서울대학교 의학과. 생리학과를 나와 펜실베니아 대 공학과, 경영학과를 졸업하고 컴퓨터백신을 발명하여 젊은 나이에 부와 명예와 학식까지 겸비한 젊은이 이었고 2011년 서울시장 보궐선거 후보 지지도에서 과반이 넘는 지지율을 보이며 화려하게 등장한 풍운아이다.

당시,

부(富)를 창조한 CEO가 대통령이 되어야 국민 모두 잘살게 될 것이라는 희망으로 이명박 후보를 지지하던 국민정서가 성공한 젊은이 안철수로 이어졌던 것이다.

2011년 서울시장 보궐선거 당시 과반이 넘는 지지율을 뒤로하고 지지율 10% 미만이었던 박원순에게 양보?하고 다음해에 정치에 입문하여 2013년 노원병 국회의원 보궐선거에 무소속으로 출마하여 60%의 압도적 지지로 국회의원에 당선 되고 다음해에 새정치연합을 창당하고 민주당 김한길 대표와 "새정치민주연합"을 창당하여 공동 당대표를 맡아 지방선거를 주도 하였으나 기대에 못 미쳤다는 이유로 당대표를 사퇴하고 이듬해인 2015년, 문재인이 당대표가 되자 탈당하여 천정배가 만든 민주평화당을 끌어들여 국민의당을 창당하게 된다.

속된말로 표현하여 "용 꼬리 보다는 닭 대가리"를 추구한 것 이라 볼 수 있는 대목이다.

대통령 권력을 쟁취하기 위하여는 무엇이던 해도 된다는 이승만, 박정희, 김영삼의 약령을 세상 밖으로 끌고나온 것이 안철수이다.

국민의 당을 창당한 안철수는 문재인이 이끄는 더불어민주당에서 탈당한 호남 국회의원을 영입하여 당세를 확장하고 이듬해 치루어진 국회의원 총선거(20대)에서 정당지지율에서 민주당을 근소하게 앞서는 돌풍을 일으키지만 자신을 포함한 지역구 25명, 비례대표 13명 도합 38석을 얻는데 그치고 이어 치루어진 대통령선거에서 문재인, 홍준표에 이어 3위를 하게 된다.

안철수의 정치이념이 여기까지는 진보였다는 것은 누구나 다 아는 사실이다. 김영삼 대통령 편에서 안철수를 언급한 이유가 바로 이 것 이다.

새누리당 원내대표 유승민이 "원내대표 사퇴권고 결의안"으로 쫓겨나고 나서 김무성 등과 함께 바른정당을 창당하자 안철수는 국민의당을 이끌고 유승민과 함께 보수정당인 바른미래당을 창당한다. 진보정당에서는 보수정당을 욕하고 보수정당에 가서는 진보정당을 욕하는데 주저하지 않은 제2의 김영삼으로 부활한 것 이다. 박지원을 중심으로 한 국민의 당 호남국회의원은 더불어민주당을 탈당하였을 망정 한광옥과는 달리 죽어도 갈수 없는 정당이 보수정당이었고 더불어민주당으로 다시 들어갈 수 없는 형편에서 민주평화당을 만들지만 그 속에서 천정배, 유성엽이 대안신당을 만들자 국민의당은 바른미래당, 민주평화당, 대안신낭으로 분열되었다. 권력을 위해서러면 누구라도 손을 잡는다는 김영삼의 정치철학을 이어 받은 안철수는 보수 유승민과 함께 만든 바른미래당으로 2018년 서울시장 출마를 하지만 낙선한다.

서울시장 선거에 실패한 안철수는 2020년 봄, 바른미래당을 탈당하여 탈이념, 탈진영, 탈지역을 기조로 제3의 길을 부르짖으며 다시 국민의당 을 창당한다. 진보에서 보수로 이제는 진보와 보수를 아우르는 중도정당을 표방한 것이다. 중도정당을 만들어 21대 총선을 지휘하였지만 정당득표율 6.79%를 얻어 비례대표 3석만을 확보하고 지역구는 전패하는 수모를 겪고 말았다.

안철수 원장이 계속 정치를 한다면 그의 길은 한가지 뿐이다. 제1 보수당에서 곁가지 정치를 하는것 뿐이다.

안철수의 정치과정을 들여다 보면 "입지전적 인 젊은이" 가 과반이 넘는 지지율임에도 서울시장을 포기? 하여 스포트라이트를 받으며 화려하게 정치에 입문한 젊은이가 정치가 무엇인지 어떻게 준비 하여야 하는지 모르고 오직 대통령이 될수 있다면 누구라도 손을 잡는 자기 중심 정치인. 정치는 살아있는 생물이라는 괴물을 숭배하는 김영삼의 부적절한 성공담을 자신에게 접목시키려 한 정치 철부지 이었다.

안철수가 다시 정치를 하고자 한다면 반드시 온고이지신 할것이 서울시장 후보로 과반이 넘었던 지지율, 노원 국회의원 당선시 60%의 지지율에 대한 이유를 자신의 철학으로 승화시켜야 한다. 그 이유를 국민은 아는데 자신만 모르고 있었다는 것에 대하여 숙고에 숙고를 거듭하여야 할것이다.

또 하나는 민주정당정치는 보수와 진보의 양당정치가 기본임을 망각하여서는 안된다. 존재하지도 않는 중도정당을 표방하여서는 안된다. 권력만을 추구하는 정치공학적 발상에 함몰되어서는 안된다. 자신의 능력을 스스로 퇴보시킨 이유를 신중하게 돌아 보아야 한다.

통치자는 명덕하고 친민하고 지어지선 하여야 하는데 안철수는 명덕하지만 친민을 받았을 망정 주지는 못하였고 진보이던 보수이던 지어지선 하지 못하였다는 평가를 받는 것을 돌아 보아야 한다.

항상 진취적이고 뜻이 높은 광자였지만 진취함은 대통령의 권력에 심취하여 광자가 되지 못하였고 항상 일을 우선하고 나쁜짓 을 하지 않는 견자였지만 이 또한 대통령 권력에 심취하여 실수나 잘못을 합리화 하는데 치중했던 것 에 대하여 돌아보아야 한다.

더구나,

유능한 사람이 가까이 오지 않으면 문덕을 닦아서 모셔오고 모신 다음에는 편안하게 하여주라는 원인(遠人)이 불복즉수문덕이래지 (不服則修文德以來之)하고 기래지즉안지(旣來之則安之)는 영원한 숙제로 남게될 것이다.

국민의당 최초 창당 당시 더불어민주당의 지지율을 약간 이나마 뛰어넘은 것, 38석의 국회의원을 준 이유는 보수정당과 진보정당을 온고이지신하여 올바른 것만 취하는 것을 목표로 하였기 때문이었다.

당시 필자의 칼럼이다.

안철수·문병호·황주홍·유성엽·김동철 '백서오룡' 되라

김한길 말처럼 '안에서 싸우다 기운 다 소진해버린 그런 정치 말고…'

민병홍 칼럼 ┊ 기사입력 2016/01/06 [15:15]

금수강산 (錦繡江山.비단에 수 놓은 것 같은 수려한 산천)의 기를 받은 동방예의지국인 대한민국 국민은 비단과 같은 심성을 가지고 있어 옛 부터 동방예의지국이라 일컬어 오고 있다.

국민 만 을 위하는 정치는 자신들의 욕심으로 비단결 같은 국민의 가슴에 함부로 글을 휘갈겨 시커멓게 멍이 들어있다.

이 아름다운 대한민국에 영원히 살아가야할 우리의 자손들이 아름답게 살아 가게 할 책무. 바로, 우리가 이 세상에 마지막으로 남겨야할 의무인 것이다.

비단결 같은 국민의 가슴에 비단같은 글을 쓸 정치인은 언제 나올 것인가? 또 그들은 누가인가?

2015년 12월13일, 안철수 전 새정연 당대표는 새정치민주연합을 혁신하고 또 혁신해서, 지지자들이 자랑스러워할 수 있는 정당, 국민이 믿고 정권을 맡길 수 있는 정당으로 바꾸라는 당원과 국민의 염원에 부응하지 못했던 것을 사과하고 정권교체를 위한 정당을 목표로 탈당을 선언하였다.

2015년 12월17일은 문병호 의원, 전남도당위원장인 황주홍의원, 전북도당위원장인 유성엽의원, 20일에는 광주의 김동철의원이 안철수 신당에 합류키 위해 탈당을 선언하였다.

이들 5인은 "국민의 먹고 사는 문제'를 정치의 중심의제로 만들어 새누리당의 재벌비호 보수정치에 단호히 맞서는 한편, 기존 야권의 낡은 운동권 정치와도 단호히 결별할 것이며, 민생정책으로 새누리당과 경쟁해서 이길 것 이며, 서민과 약자의 아픔을 보듬고, 양극화와 불평등을 해결하고, 추락하는 한국경제를 재도약시키겠다. 그러기 위하여 우선적으로 한국 정치의 대혁신"을 강조하였다.

이들 5인은 "경제위기와 민생파탄으로 국민의 원성이 하늘을 찌르는데도, 정치권은 제대로 된 해법을 내놓지 못하고 있는 것이 새정연의 부족성임을 깊이 인식하여 정권교체 정당, 국민민생 만 을 위하는 정당이 해법" 임을 강조하였다.

이들 5인이 가진, 국민을 위한 충정이 멍들고 척박한 국민의 가슴을 태초의 비단결로 되돌려 주기를 소망해본다.

필자는 "정치는 국민의 고통을 가슴과 행동으로 풀어내는 예술"이라 주장한다

다양한 국민의 고통을 인식하기 위하여는 국민속에 들어가 소통을 통하여 국민의 고통을 가슴에 담아야 한다. 이러한 경륜은 지역의 시민활동가. 4-50대의 판사, 변호사들이 가장 근접되어 있다.

국민의 고통을 가슴에 품은 다음 제도권에 들어가 국민의 고통을 해결하는 법의 제정하고 개정하고 폐지하는 활동을 행동으로 보여주는것 이다.

바로 다음 선거만을 생각하는 정치인이 아닌 다음 세대만을 생각

하는 정치가를 일컬음이다.

정당은 정치가를 양성하고 발굴하는것을 사명으로 하여야 한나.

그러나

작금의 정당은 정당혁신을 최우선 과제로 삼아 혁신을 부르짖고 있지만 항상 용두사미에 그친 것 이 사실이며 안민보다는 정권 창출에 함몰되어 있다.

김한길 전 대표의 말처럼 '안에서 싸우다 기운을 다 소진해버리는 그런 정치 말고, 오만과 독선과 증오와 기교로 버티는 그런 정치 말고, 아무리 못해도 제1야당 이라며 기득권에 안주하는 그런 정치 말고, 패권에 굴종하지 않으면 척결대상으로 찍히는 그런 정치 말고, 계파의 이익을 위해서라면 물불을 가리지 않는 그런 정치 말고, 비리와 갑질과 막말로 얼룩진 그런 정치 말고, 그래서 국민에게 손가락질 당하는 그런 정치말고 국민이 믿고 의지할 수 있는 정치로의 혁신'을 이들 5인이 하여 주기를 소망한다.

비단에 비단같은 글을 쓰는 다섯의 용.

백서오룡(帛書五龍)이 되기를 간절히 소망한다.

〈브레이크뉴스〉

김영삼 대통령은 1961년 3.15 부정선거에 항거한 시민에게 경찰이 실탄사격을 가하여 12명이 사망하고 250여명이 부상을 당한 부마항쟁, YH무역의 집단해고로 인한 대한민국 최초의 노동항쟁의 시발지이며 민주화운동의 성지인 부산, 경남의 대부 로 김대중 선생과 함께 대한민국 민주화운동의 쌍두마차로 칭송받은 역사적 인물이었으며 민주화의 성지는 광주, 전남이 아니라 부산, 경남이라 자부하던 지역의 대표성을 가진 인물이었다.

김영삼대통령은 정치는 생물이라는 그릇된 정치관을 심어주어 다음 선거만을 생각하는 정치인(政治人)을 양산시켰으며 권력을 위해서라면 이념까지 초월하는 정치인이었다. 대통령이 되어서는 대통령의 권력놀음에 심취하여 나라 살림을 방만하게 운영함으로서 IMF에 굴복할 수 밖에 없는 지경에 빠트리고 국가존망에 가장 중요한 금융까지 미국에 내어준 대통령이라 할 것 이다.

김대중 대통령 (1998.2.25.~2003.2.24. 제15대. 새정치국민회의)

김대중 대통령은 민주자유당 에서 한나라당 으로 당명을 바꾼 이 회창후보(38.7%)를 1.6%차인 390,557표 차로 누르고 제15대 대통령 에 당선되었다.

모든 여론조사에서 이회창 후보는 떨어 질래야 떨어질 수 없는 후 보 였음에도 이회창후보는 낙선 하였는데 이는 리틀 박정희 소리 를 들으며 출마한 이인제후보가 자신의 텃밭인 충청권이 아니라 이회창후보의 텃밭인 경상권 에서 19.2%인 490만표를 득표(갉아먹 은?)한 것이 결정적인 이유이고 또 다른 이유는 병풍사건 이었다.

병풍사건은 청와대 행정관 오모 씨 와 사업가 한모, 장모 씨 세 사람이 중국에서 북한의 조선 아시아 태평양 평화위원회 박 참사 관을 만나 대통령 선거에 맞추어 휴전선 일대에서 무력시위를 부 탁한 사건이 국민의 공분을 산 사건이다.

김대중 대통령 당선으로 군부독재의 고리는 안전히 끊어지게 되지 만 김대중정부는 텅텅 비어버린 대한민국 곳간을 넘겨 받아야 했 고, IMF 사태로 인하여 헐값에 팔려 나가는 기업을 살려야 했고 기업을 구조조정 하여야 했고 천정부지로 오르는 달러를 수습하여 야 했으며 직장을 잃고 눈물을 삼키며 고향으로 내려가는 많은 젊 은이의 아픔을 보아야 했다.

올림픽을 치를 정도로 부유한 나라가 하루아침에 곳간은 텅텅 비어 있었고 304억 달러의 빛을 지고 있었고 설살가상 IMF의 우산속에 살아가야 하는 상황이었지만 위대한 대한민국 국민은 살아 쉼쉬고 있었다.

6,25남침으로 폐허가 된 나라를 새마을운동으로 한강의 기적을 이루었던 저력으로 21억3천만 달러의 금을 쾌척한 아름답고 아름다운 국민과 기업이 있었기에 IMF를 헤쳐 갈 수 있었다.

김대중대통령의 과제는 주문자생산제조업이 중국으로 넘어가면서 그 동안 기술을 습득한 제조업이 원자재를 수입하도록 하여 가공(生産)하여 수출하는 가공무역을 활성화 시키는 것 이었다.

원자재를 수입하려면 달러가 필요하고 생산하려면 인건비 또한 필요하다. 그러나 IMF로 곳간은 비어있고 더구나 전쟁 위험국이라는 핸디캡으로 자본유치가 어려운 상황에서 가공무역 활성화는 화중지병 같은 정책이었다. 외국의 자본을 유치하는 최선의 방법은 남북평화, 전쟁위험국에서 벗어나는 것 뿐 이었다.

대한민국 국민의 근면성 . 성실성, 뛰어난 두뇌 그리고 무한한 잠재력은 이미 입증되어 외국자본의 새로운 투자처가 대한민국으로 각인 되었지만 전쟁이 발발하면 투자한 금액은 모두 휴지가 되기에 투자의 안정성을 확보하기 위하여는 전쟁위험국에서 벗어나는 것이다. 대한민국의 존폐는 전쟁이 없는 나라를 만드는 것 뿐 이었던 것이다.

안보와 빨갱이를 선거에 활용하였던 극우보수정당도 박정희 대통령도 북한을 설득하는 특사를 파견한 것도 바로 이러한 이유이다.

전쟁위험국에서 벗어나는 것은 우리와 우리의 아들딸과 우리 후손의 행복과 직결되어 있기 때문이다.

박정희정부를 비롯하여 역대 정부에서도 비밀리에 특사를 보내 전쟁방지를 위해 북한을 달래던 것 처럼 김대중정부도 예외가 있을 수 없었다. 더구나 텅빈 곳간, 일자리를 잃고 고향으로 떠나야 하는 젊은이, 외국에 팔려나가는 기업, 해결책은 외국자본을 유치하여 가공무역을 활성화 하는 것 이었다. 제1의 국정기조를 남북평화로 잡은 김대중대통령이 6.15 공동선언을 이끌어 내면서 전쟁위험국에서 벗어나자 비로서 투자하는 외국기업이 늘어나면서 수출기업에게 날개를 달아준 것 이 전쟁위험국 탈피 정책, 즉 남북평화정책 이었다.

남북평화정책(햇빛정책)으로 퍼준다고 공격하던 역대정부도 북한을 도와준 것이 사실이다. 자신이 갖다준 것은 인도적으로 도와준 것이고 김대중정부가 준 것은 퍼준다는 오명을 씌운 것이다.

남북평화를 중요하게 느끼지 않고 딴지를 거는 나라가 일본이다. 대한제국을 침탈하여 36년 통치하면서 우리의 민족혼마저 말살하려던 일본. 한반도를 비롯하여 동남아시아. 중국대륙까지 집어 삼키던 일본은 진주만을 공습하다 원자폭탄 두발로 망가진 나라가 일본이다.

대동아전쟁을 치르면서 무기와 실탄을 만들 자원이 부족하여 우리나라 가정에서 놋그릇까지 징발할 정도로 어려웠던 나라가 일본이었다.

일을 할 만한 젊은이는 전쟁에서 사망하여, 일 할 사람이 부족하였고 먹을거리도 여유가 없던 섬나라 일본에 축복을 내린 것이 대한민국의 6,25 전쟁이다.

한반도에 전쟁이 일어나면서 34만 명의 유엔군과 한국군이 입고 먹는 것을 비롯한 군수물자 공급은 지리적으로 가장 가까운 일본의 차지가 됨으로서 3년의 한국전쟁으로 벌어들인 돈은 대동아전쟁 전후복구는 물론이고 기업까지 기사회생 하게 되었으니 김일성의 남침으로 대박이 터진 나라가 일본이다.

2019년 1인당 국민소득(GDP) 40,000달러로 세계22위, 해외수출 세계3~4위로 화려한 일본이 국가부채가 무려 238%이며 금액으로는 1경 5,000조원 으로 디폴트(국가부도)를 염려하여야 할 상황에 직면하고 있는 나라가 일본이다.
『**참고**』 한국은 국가부채 40%. 금액으로는 700조원

대동아전쟁에서 패하고 항복하면서 유엔이 군대를 보유하지 못하는 일본의 아베정부는 헌법까지 개정하여 군대를 보유하려고 엄청난 돈을 퍼부어 세계5위의 국방강국으로 성장시키는 과정에서 수출전략품목인 자동차와 백색가전 등 사업은 연구개발을 등한시 하면서 기존의 기술에 안주하며 세계 3~4위 수출국의 자존심에 빨간불이 켜지고 말았다.
수출 주력사업인 자동차, TV , 냉장고, 세탁기, 핸드폰, 건설. I T

등 시장을 모조리 한국에게 1위 자리를 내어주게 되면서 세수가 급하락하여 살림이 어려워 지자 기존의 정책과 예산을 유지하기 위해 채권을 발행하여 이를 메꾸고 또다시 다음 연도의 예산유지와 이자를 갚기 위해 또다시 채권을 발행하는 악순환을 거듭하고 있는 나라가 일본이다.

금년에 빚을 내어 생활비로 쓰고, 다음해는 생활비와 이자를 갚기 위해 또다시 빚을 내는 상황이 반복되는 국채 순환시스템으로 1경 5,000조원의 빚을 가지고 있는 나라이다.

짐 로저스가 말 합니다.
앞으로 1년 이내에 일본은 국가부도 (default) 를 맞을 것이다
그는 일본에서 거의 발을 빼고 있다.

일본이 이 상황을 돌파하는 길은 두 가지 이다.
하나는 올림픽을 치루어 경기를 부양하는 것이고 또 하나는 한국에서 다시 전쟁이 일어나 1950년 ~1953년의 부귀영화를 누리면서 동북아시아 관리를 미국으로부터 넘겨받는 것이다.
그러나 그것이 그렇게 녹녹치 않다. 대한민국이 너무 커져버린 것이다.
올림픽을 치르기 위해 6조원을 예상 하였지만 관리미숙으로 30조원을 들여야 했고 그것마저도 코로나19로 물 건너갈 지경이 되자 코로나19 발생인수를 고의적으로 발표를 미루고 대처를 소홀히 한 것 도 올림픽 개최가 생사의 갈림길이기 때문이다.

일본이 살아남는 또 하나의 길은 미국으로부터 동북아시아 패권국 지위를 위임 받는 것이다. 남북한 정상이 판문점에서 손을 맞잡고 상호불가침. 경제공동체에 서명하고 트럼프와 마주 앉자 열일 제쳐놓고 쪼르륵 미국으로 날라 간 아베이다. 남북이 손을 잡고, 미국이 뒤를 보아줄 때 일본의 수출주력상품을 한국에게 몽땅 뺏기는 것은 이미 책에 나와 있고 패권국의 지위까지 한국에게 뺏기기 때문이다.

대한민국 국민의 우수한 두뇌. 근면성, 신용에 발 뒤 꿈치도 따라가지 못할 정도로 한국은 커져 버렸고 그에 비례하여 쇠락해 가는 일본의 입장에서 무슨 방법을 쓰더라도 남북이 손을 잡는 것을 막아야 하기 때문이다.

김대중 대통령이라 할지라도 그도 인간이기에 잘못된 것이 없는 것은 아니다. 임기 말에 사적으로 정치적으로 치명적인 일이 발생하면서 새천년민주당이 나락으로 떨어지는 계기를 만들고 만다. 그것이 대한민국 정치 역사상 최초의 대통령 후보 선출방식인 오픈 프라이머리 (open primary 완전국민경선제) 실시이다.
대의원 선출방식에서 모든 국민에게 투표권을 주어 국민이 선출하는 획기적이고 민주적인 투표방식이었다.

프라이머리의 본 고장 미국은 지역당원과 정당지지자에게 투표권을 주는 방식과 정당에 관계없이 모든 국민에게 투표권을 주는 방식과 당원만 참여하는 방식으로 구분하고 한 사람이 한 정당에만 참여케 하는 방식이 있고 복수의 정당에 참여해도 되는 방식으로 치루고 있다. 선거관리는 우리나라와 같이 중앙정부에서 관장하는 것이 아니라 주정부에서 관장하여 주정부에서 오픈프라이머리 방식이나 대의원 만으로 하는 전당대회 즉, 코커스(caucus)로 결정한다. 미국전체가 오픈프라이머리를 하지 않는다 미국에서는 open primary 라 하지 않고 primary라 부르고 있는데 우리나라가 도입하여 완전국민경선제 즉, open primary라 이름 한 것이다.

새천년민주당이 실시한 것은 semi open primary에 가깝고 완전국민경선제 보다 국민경선제에 가깝다.

새천년민주당이 도입한 오픈프라이머리(open primary)는 투표권을 가진 국민을 상대로 하며 경선에 참여할 수 있는 조건으로 새천년민주당 당원 이거나 새천년민주당 당원이 아니지만 새천년민주당을 지지하는 국민이거나 지지정당이 없는 투표권을 가진 국민을 상대로 참가 신청서를 받아 중앙당 선거관리위원회에서 광역시도별 가중치를 두어 지역, 지구당(지역구)별로 투표인수를 배정? 하여 투표인을 확정한 다음 투표일에 일정한 장소에 모여 투표하는 방식으로 당시 신청자는 1,600,000명 이었고 투표의 권리를 부여받은 사람은 200,000명 이었다.

인터넷 투표가 가능한 시절이 아니었고 지금같이 선거관리위원회에 위탁제도도 없었기에 단일정당이 자체적으로 1,600,000명의 현장투표를 감당할 여력이 없었기 때문이다.

후보는 이인제. 한화갑. 정동영, 노무현 등 8명 이었고 경선일정은 제주. 경남(울산), 광주전남. 전북, 경북, 부산. 충청, 순으로 진행하고 서울에서 결정 나도록 짜여 지는게 보통이며 지금도 거의 비슷하다.

첫 번째로 열린 제주경선에서 당내 인기 순위인 이인제후보가 1위를 하고 두 번째 울산경선에서 생각지도 못했던 노무현후보가 1위를 하고 세 번째인 광주경선에서 김대중대통령의 복심인 한화갑후보를 제치고 노무현후보가 1위를 하고 이어진 경북경선에서 또다시 1위를 하게 되자 김근태, 유종근, 한화갑, 김중권후보가 줄줄이 포기하고 가장 유력시 되던 이인제후보 마저 포기하면서 정동영후보 만 경선흥행을 위하여 끝까지 남았는데 그 덕분인지 몰라도 정동영은 열린우리당 당의장(당대표)이 되고 통일부장관을 하게 된다.

이 무렵 이회창후보의 지지율은 46% 노무현후보는 1~2%에 불과하였으나 open primary 경선 흥행에 힘입어 지지율이 7~8%로 반등하지만 이회창 후보를 따라잡기에는 역부족이었다.

이후, 노무현후보의 지지율은 반등을 거듭하게 되는데 역사가 들은 그 아유를 open primary에 신청한 160만 국민의 힘 이었다 하고 있다.

대전에서 국민통합21을 창당하고 스스로 대통령후보가 된 정몽준후보와 노무현 후보가 의기투합하여 여론조사로 단일화 하는데 합의하여 노무현후보가 야권 단일후보가 되었고 정몽준의원은 새천년민주당 노무현 대선후보를 지지하며 전국을 순회하다가 선거 하루 전 돌연 노무현 후보 지지를 철회하는 성명을 발표한다.

정몽준의원은 이후 정치판에 두문불출하고 있지만 2011년 발간한 정몽준의 자서전 '나의 도전, 나의 열정에서 나의 정치인생 20년 중 자신을 가장 힘들게 한 것은 노무현 지지를 철회 한 것 이라 하였듯이 노무현후보도 그때가 가장 힘들었던 시기 이었을 것이다.

필자의 기억으로는 그 당시 노무현 후보는 선거를 치를 자금도 부족했고 싱크탱크도 부족하고 조직도 부족한 상황이었다. 경선에서 사퇴하거나 포기한 사람들도 새천년민주당도 열성적이지 않았다 노무현후보는 개혁이라는 단어 하나로 승부수를 띄워야 했고 정책 이라곤 이회창 후보의 정책을 보고 하나하나 대응하는 전략뿐 이었던 것으로 기억된다.

개혁이란 단어는 군부독재에 억눌러 참을 수밖에 없었던 분노를 폭발시켰고. 이회창후보 아들의 병역기피에 대한 배신감과 정몽준의 지지철회에 대한 분노감으로 그동안 투표를 외면했던 젊은이들이 너도나도 투표장으로 몰려들면서 골리앗인 이회창이 46.6%. 권영길 3.9%를 얻고 48.9%를 얻은 다윗 노무현의 승리였다.

새천년민주당으로 청와대에 입성한 노무현대통령은 국정경험이 있는 김대중정부 인사들의 참여를 요청하였지만 이를 거부하는 사람과 대통령을 대통령으로 인정하지 않는 사람들로 인하여 새천년민주당과 김대중정부의 연속성을 가지지 못하고 제대로된 각료인선에 실패한채로 시작한것이 노무현정부이다.

대통령 혼자 대한민국을 다스리는 것은 어불성설이다.

장, 차관이 없으면 사상누각이 되는 것이 대통령권력이다.

대통령 취임 1년도 되지 않은 2003년 11월 11일 천신정(천정배,정동영,신기남)은 유시민, 김원웅이 이끄는 개혁국민정당. 한나라당 탈당파(독수리 5형제) 새천년민주당 탈당파, 개혁에 동조하는 사회 인사, 개혁에 동조하는 시민단체를 5주체로 하여 개방적 공동체주의 기치를 걸고 호남과 새천년민주당을 구태한 정치로 폄하하며 열린우리당을 창당하게 된다..

호남을 축으로 하는 새천년민주당은 노무현정부를 도와주지 않으면서 새천년민주당으로 대통령에 당선시켜 놓았는데 당을 깨 버렸다는 데에 앙심을 품고 "금번 선거(17대 국회의원)를 어떻게 생각하느냐" 는 기자의 질문에 국민이 알아서 잘 할 것이다 라는 발언을 선거법 및 선거중립 의무위반으로 5가지, 국정파탄, 경제파탄, 측근비리 총 8가지 죄목으로 한나라당, 자유민주연합과 손잡고 2004년 3월12일 박관용 국회의장이 경호권을 발동시킨 상태에서 193명 찬성으로 탄핵안을 가결시키는 헌정시상 초유의 사태가 일어났고 곧 바로 대통령의 직무는 중지되었다. 그러나 직무정지 64일이 되는 5월14일 대법원의 기각판결로 업무에 복귀하게 된다.

노무현대통령 탄핵으로 광화문과 전국이 촛불로 불타오르던 그해 4월15일 치루어진 제17대 국회의원 총선에서 열린우리당은 152석 한나라당은 121석 민노당이 10석 자유민주연합이 4석을 얻었으나 대통령을 만들어낸 새천년민주당은 9석을 얻는데 그치고 본디 정부여당인 새천년민주당은 4당으로 전락하고 서서히 몰락의 길을 걷게된다.

개혁국민정당, 한나라당 탈당파. 새천년민주당 탈당파, 개혁을 바라는 사회단체와 사회개혁인사 5주체로 결성된 신생정당 열린우리당이 152석을 얻은 17대 총선의 이슈는 노무현대통령 탄핵과 노무현의 시대정신 이었다.
모든 국민이 평등하고 공정한 세상. 정의로운 대한민국. 지역주의 (통합) 권위주의 타파로 특권과 반칙 없는 세상의 슬로건으로 권위주의에 억눌려 왔던 유권자의 마음은 개혁이란 단어에 매료되었고 안보 하나로 묻지도 따지지도 않고 한나라당을 지지하던 어르신들 마저 이번에는 2번이래 할 정도였으며 노무현 바라기의 표심 또한 열린우리당으로 쏠렸기 때문이었다.
여기에 신선한 국회의원이라는 이미지도 큰 역할을 하였는데 4~50대의 머리 좋고 똑똑한 변호사, 판사 출신들이 각광을 받게 되었다.

김대중 대통령은 군부정권에 모진 박해를 받으며 대한민국에 민주주의를 정착시킨 명실상부한 대한민국 진보진영의 대부이다. 비록 아들의 비리와 노무현정부에 대한 반감으로 얼룩이 있지만 혹독한 IMF를 극복하고 전쟁위험국에서 벗어난 6.15 공동성명은 최고의 업적으로 기록되어야 할 것이다.

노무현 대통령 (2003년2월25~2008.2.24. 16대. 새천년민주당)

노무현 대통령 하면 가장먼저 떠 오르는 것이 고졸 출신의 사법고시 합격자, 5공 청문회 스타, 정치인 최초의 팬클럽 노사모(노무현을 사랑하는 모임)이다.

필자는

노무현 대통령에 대하여는 좋은 말이 많을 줄 알았다.

50이 넘은 나이로 노무현의 시대정신에 매료되어 정치에 정자도 모르면서 개혁국민정당 지구당 위원장으로 정치를 시작하였고 노무현의 개혁에 대하여 공감하였고 먼 발치라 하더라도 친근함과 가까움을 느끼는 노짱 이었기 때문이었다.

그러나 정작 쓰려고 하니 딱히 내세울만한 게 없다.

김대중 대통령 편에서 말씀 드린게 전부 아닌가 싶다.

그래도 책의 목적상 몇 가지 라도 추려서 써야 되지 않을까 한다

노무현 대통령은 한마디로 대한민국 정치판의 이단아이다.

국회의원 하고 장관을 하면 검은 양복에 넥타이 메고 할말이 있어도 꾹꾹 참는 그런 부류가 아니라 옳다고 생각하거나 남이나 자신이 억울하다 느끼면 분노하고 할 말을 다하는 사람으로 기억하고 있다.

오죽하면 검사들과의 대화에서 "막 가자는 겁니까?" 하자. 한나라당 에서 대통령이 너무 가볍다고 질책을 하고. 김근태 복지부장관은 계급장 떼고 붙자 라고 하였겠는가.

그럴망정

할말을 할줄 아는 노무현 대통령을 좋아하는 국민이 많았다.

그 용기에, 그 솔직함이 지금도 역대 대통령 인기순위 탑에 랭크되는거 아닌가 생각이 든다.

노무현 대통령이 꿈꾸던 개혁은 많은 국민에게 공감을 주었고 구태한 패러다임을 변화시키는 기초를 세우거나 세운것에 대하여는 누구도 부정하지 못할 것이다.

다만,

시대정신은 공감하지만 너무 시대를 앞서간 것 이 문제였다. 김대중 대통령이 말씀하신 국민의 두 발짝 앞에 서서 한 발짝 씩 따라오도록 하는 개혁이 정답 이었을지도 모른다.

노무현대통령이 제일 먼저 추진한 것이 4대개혁입법이다.

보안법. 사학법. 언론법. 과거사법으로 결국 하나도 제대로 이루지 못하고 말았다.

보안법은 김정은 위원장과 노무현대통령이 손을 잡고 웃어도, 개성공단에서 금강산에서 남북이 손잡고 웃어도 6,25 전쟁으로 돌아가시거나 다치신 분 들, 고향을 찾지 못하는 분들에게는 소귀에 경 읽기 같은 법 이었다.

사학법은 대학교를 상아탑이라 하는 것은 말 잘하는 사람이 립서비스로 하는 말이고 대학교를 나와야 중산층으로 산다는 것으로 이미 학부모의 가슴에 꽉 밝혀있는 세상이 되어있고 대학은 학생을 간판(스팩)사러오는 손님 대하듯 하는데 하루 아침에 법을 바꾼다?

어불성설이었다.

언론법은 대한민국의 권력은 언론권력이 첫번째 재벌권력이 두번째 청와대권력이 세 번째 라는 세상에서 제일의 권력을 손 보겠다니 어림없는 짓? 이라고 표현하는 것이 맞을것 이다. 걸리면 죽는 데가 검찰이 아니라 언론임을 착각한것이다

과거사법은 일반적으로 보통 '내가 ** 되기만 해봐라 너를 제일 먼저 ** 할거야 " 과거사법이 그 꼴 이었다. 다른 정당에서 볼 때는 한풀이 하는 법으로 보였을 것이다.

이를 추진한 천정배 원내대표도 책임을 피할길 없어 사퇴하였고 박근혜 당대표에게 수첩공주라는 신조어를 탄생 시키며 4대 개혁 입법은 결국 누더기로 끝나고 말았다.

보안법폐지는 휴전이 종식되고 통일이 되거나 남북이 대사를 교환하거나 국민이 사회주의를 받아들이는 자세를 가졌을 때 자동적으로 폐지되어야 하는 것 이고 사학법은 대학졸업이 곧 중산층 이라는 학부모의 의식이 바꿔야 가능한 것이고 언론법은 언론 스스로 정론직필을 정착하였을 때 가능 한 것을 착각하였던 것이다.

노무현 대통령은 임기 내내 좌우사방에 시달리기만 한 대통령 이었다. 대통령의 임기를 축소하여 대통령과 국회의원 선거를 동시에 치르자는 발언에 박근혜 한나라당 대표가 참 나쁜 대통령이라

고 화답하고 장관이 계급장 떼고 붙자 라 하면서 대통령을 대통령으로 인정하지 않는 분위기가 임기 내내 따라 다녔다. 이러한 분위기가 조성된 원인은 정당은 당의장(당대표)이 청와대는 대통령이라는 당청분리와 청와대 권력을 국무총리와 광역단체에 너무 빨리나누어 줌으로서 통제에 어려움을 겪은 결과라 할 것이다.

당청분리로 열린우리당은 당권파, 급진개혁파, 안정개혁파로 나누어지고 친노, 비노, 반노로 나누어지고 심지어는 노무현대통령 추종세력을 빽바지. 김대중대통령 추종세력을 란닝구라는 논쟁으로한지붕 세가족으로 분열되어 난장판이 되어버렸고 보다 못한 노무현 대통령은 장관은 정당에 관여할수 없는 점을 고려하여 정동영을 통일부장관으로 천정배를 법무부장관으로 김근태를 복지부장관으로 임명하여 돌파구를 찾으려 하였지만 이미 한지붕 세가족은돌이킬수 없는 지경이 되어버린 뒤 이었다.
당청분리가 가져온 정당의 비극이었던 것이다.

유시민을 비롯한 빽바지 친노그룹이 열린우리당을 살리려 노력하였지만 이미 깊숙이 뿌리내린 정동영세력에 밀려 장관 카드는 오히려 불섶에 기름을 붓는 형국이 되었고 다시 돌이킬수 없는 형국이 되자 유시민을 복지부장관으로 임명하고 정동영, 천정배, 김근태를 정당으로 복귀시키게 된다. 호랑이를 광야에 풀어놓아 하나만 살아남게 하려는 의도라는 합리적 의심이 드는 대목이다.

노무현 대통령의 업적은 어느 누가 무어라 하여도 정치개혁 중 선거법과 총재제도의 변화이다.

정당권력을 독식하던 총재제도를 공동집권체제 (최고위원회)로, 법정선거비용 제도를 도입하여 후보가 돈을 쓰고 싶어도 못쓰도록 하고, 유권자가 금전이나 향응을 받을 경우 벌금을 물리는 법은 여야를 막론하고 이의를 제기하지 않는 개혁이었다.

밥 한그릇 얻어 먹어도 50배의 벌금을 물어야 하니 얻어먹으려 하는 유권자가 없으니 후보자 입장에서는 할 만한 선거가 되었고 17대 국회의원선거에서 필자가 아는 몇 명은 법정선거비용도 다 쓰지 않고 당선되기도 하였다.

1급의 군주는 스승을 보좌로 삼고 2급의 군주는 친구를 보좌로 삼고 3급의 군주는 관료를 보좌로 삼고 망할 군주는 노예를 보좌로 삼는다 라는 말이 있다

노무현대통령의 주변을 살펴보면 스승다운 스승도 없었고 노예도 없었지만 문재인, 유시민, 이광재 같은 친구와 관료만 있었던 것 같다.

노무현대통령에게 아주 특별한 것이 있는데 그것이 노무현의 어록이다.

언론에서 무시하던 노무현의 정책과 발언이 현실이 되어가고 있다는 것이다.

그 속에는 진보나 무조건 개혁보다는 국민통합과 같은 현실적 실용주의 지향성이 있음을 볼 수 있다.

노무현대통령은 남의 억울함에 분노 할줄 아는 인간다운 인간이었고, 손해를 보더라도 시원한 사이다 발언을 하던 사람이었고 같이 있으면 가치를 모르지만 떨어져 있으면 필요해서 보고 싶은 사람이었다고 기억된다.

이명박 대통령 (2008.2.25.~2013.2.24. 17대. 한나라당)

목부(牧夫)인 부친 슬하에서 태어나 야간고등학교를 졸업하고 서울로 올라와 건설노동자로 일하면서 독학으로 고려대 경영학과에 입학하여 폐지를 주어 팔아 주경야독(晝耕夜讀)으로 대학을 졸업하고 현대건설 사장을 지낸 입지전적인 인물로 1941년 일본에서 태어나 일본이름은 쓰키야마 아끼히로 이고 한국 이름은 상정에서 명박으로 개명한 인물이다

교도소에서 이명박정부 정무장관을 지낸 이재오를 만나면서 정치에 입문하여 국회의원과 서울시장을 거쳐 제17대 대한민국 대통령이 되었다.

대통령후보 경선의 상대는 열린우리당의 열풍속에서 121석을 건지고 재보궐선거에서 40 : 0 의 승리를 견인한 선거의 달인이라는 칭호를 받는 박근혜 당대표 이었다.
박근혜 후보는 BBK 문제, 도곡동 땅 문제로 맹공격을 퍼 부었지만 이명박 후보는 공격을 수습하고 한나라당 대통령후보가 되더니 열린우리당 정동영후보를 6백만표 따돌리고 가뿐하게 청와대에 입성하였다.

그당시 친노는 폐족(안희정의 말)이 되어 지리멸렬한 상태였고 입지전적인 이명박 CEO가 대세이었다. 정동영 26.14% 6,174,681표. 문국현 5.82% 1,375,498표. 이회창 15.07% 3,559,963표 이명박

48.67% 11,492,389표에서 보듯 문국현, 이회창이 나오지 않았다면 과반 이상을 득표하였을 것이다.

노무현대통령의 반감이 곧바로 대통령선거로 연결된 결과이며 이러한 결과는 19대 대통령선거에서 또다시 나타나는데 박근혜대통령의 실정으로 새누리당 홍준표후보가 더불어민주당 문재인후보에게 5,570,000표로 셨 다운 당한 것이다.
이명박대통령이나 문재인대통령은 전임대통령의 영향이라 해도 무방하다. 속된 말로 거져 먹은 것이라 할 것이다.

이명박대통령은 영구집권의 탐욕으로 얼룩진 이승만. 박정희대통령도 아니고 강남아줌마에게 휘들린 박근혜대통령도 아니지만 내 것 아까운 줄 모르고 흥청망청하는 철없는 부잣집 아들이었다.
이명박대통령의 국정이슈를 크게 네 가지로 분류하면 경부대운하, 대기업 프랜드리, 주적 북한. 자원외교이다.

대기업 프랜드리는 미국이 약소국을 말아 먹으려 시행한 자유시장경제원칙과 관계도 없고 부자가 더 부자가 되게 하는 것 하고도 관계가 없다.
이명박대통령은 정주영회장이 거북선이 그려진 지폐 한장 가지고 브리핑하여 세계굴지의 조선소를 건립한 것을 보았고, 그리고 엄청난 외화를 벌어들이는 것도 물론 보았고, 사업은 우수한 두뇌를 가진 연구진이 있어야 하고 사업주는 독창성, 진실성이 있어야 하고 근로자는 근면하고 성실성이 있어야 된다는 것을 알고 있었고 불황이 와도 고신용과 고품질은 살아남는다는 원칙을 알고 있었을 것이다.

당시 대한민국은 반도체 부분에서 명실상부한 세계 제1~2위 이었지만 자동차, TV. 냉장고, 세탁기 등 가전제품에서는 가성비로만 승부하던 시기 이었다.

아무리 좋은 제품이 있어도 대형 마켓에 상품을 진열하기 위 하여는 유통회사를 통하지 않으면 안되는 것이 현실이다. 대형마켓에 유통 시킬 수 있는 회사를 찾아 수출계약을 따내기에는 인적면 에서나 자금면 에서 중소기업은 제약이 따른다는 것을 너무도 잘 알고 있었을 것이기에 외국시장의 경쟁력을 갖춘 대기업에게 자금우선권을 주었던 것 이다.

다만,

대기업 위주의 대기업 프랜드리 정책을 펴면서 협력업체와 중소기업의 중요성을 간과하여 부자들만을 위한 정책이 되어 버린 것이 문제점이라 할 것이다.

중소기업의 중요성을 간과한 여파는 문재인정부에서 바로 나타나는데, 바로 소재와 부품, 장비의 문제점이다.

반도체, 디스플레이 산업이 세계 정상을 차지하고 있지만 제품을 생산하기 위하여 필수적인 3대 요소인 소재, 부품, 장비로 8~90%를 일본에 의존하고 있었다.

대기업은 국내 기술진과 국내 중소기업이 고성능 고품질을 개발하여도 리스크를 겁내 써 보지도 않고 일본에서 수입하여 쓰는데 고착화 되어 있었고 정부는 소재, 부품, 장비를 연구, 개발하는 중소기업의 지원 및 육성을 간과하고 있었고 이는 수출국으로서는 최대의 약점이 되어 있던 처지에서 일본 아베정부가 강제징용판결에 대한 보복으로 반도체 및 디스플레이에 사용하는 3개 품목에 대하여 한국 수출을 중단하여 반도체 및 디스플레이 제조업 중단이라는 초유의 사태가 발생하고 말았던 것이다.

일본이 수출을 금지시킨 3대 품목은 반도체 생산공정에서 불순물을 깎아내는 핵심소제인 불화수소 와 빛을 인식하는 감광제, OLED 패널(畵面)에 들어가는 플루오린 플로이미드 이다

일본의 소재와 부품이 없으면 당장 생산이 중단됨으로 문재인정부는 국무총리실 산하에 소재, 부품, 장비(소,부,장)융합 혁신지원단을 설치하여 기업의 애로를 청취하고 유럽에서 소재, 부품, 장비를 신속히 수입하여 생산을 멈추게 하지 않았고 32개 공공연구기관이 뭉쳐 단 6개월 만에 국산화에 성공하여 난관을 극복하고 수출강국의 지위를 공고히 하면서 수출대기업의 중요성과 수출대기업을 지원하는 중소기업과 중소기업의 역동성을 보호하는 정책이 자리를 잡게 되었다.

경부대운하 는 이명박대통령 후보의 야심찬 정책이었다.

인천을 깃점으로 한강(남한강)~소백산 조령을 뚫어 낙동강으로 연결하고 강 중심에 깊이 약 7~8미터, 넓이 30미터 정도의 벽을 설치하여 갑문형식으로 배를 지나다니게 하는 사업이었다.

이 사업은 극심한 반대에 부딛치고 더구나 30개월 령 이상의 미국 소고기 광우병으로 극심한 시위가 일어나면서 경부대운하사업을 한강, 낙동강, 금강, 영산강을 정비하는 4대강 정비사업으로 변경하여 한강 낙동강은 태초 계획한데로 강 중심에 대략 폭 30미터 깊이 7미터를 파내고 여러곳 에 홍수예방 목적으로 보(물막이)를 설치하는 사업을 단 1년 만에 22조원을 투입한 것은 한마디로 흥청망청이라 할 것이다.

국책사업은 일반적으로 예비타당성검토, 역학조사, 설계단계를 거쳐 공사를 진행하게 되는데 예산은 단계별, 공정별로 구분하여 보통 조 단위의 사업은 아무리 빨라도 2 ~ 3년 걸리는 것이 보통인데 이명박정부는 경노당의 난방비, 장애인복지비 까지 감축하여 집행하였던 것이다.

기존에 세워놓은 예산을 삭감함으로서 제일 피해를 입은 사업이 태양광 사업이다. 전기(電力)가 없으면 아무것도 하지 못하는 것은 삼척동자도 아는 사실이다.
우리나라는 전기를 생산하기 위하여 석유와 유연탄. 원자력(우라늄)을 전량 수입하여야 하기에 엄청난 외화를 소진하고 있어 대체에너지에 공을 들이고 있으며 이 문제는 한국에 국한 되어 있는 것이 아니라 원유 생산국 이외에는 전 세계 국가가 가지고 있는 공통적 고민으로 우리나라는 수력, 풍력, 조력. 태양광 그리고 쓰레기를 이용한 고형연료 사업을 추진하여 왔다.

석탄(유연탄)은 아시고 계시듯이 미세먼지의 주범이고 석유는 원가가 비싸고 세계수준의 원전기술을 믿고 위험한 원자력으로 대체할 수밖에 없는 상황에서 대체에너지 사업으로 풍력, 조력, 태양력을 추진하고 있는 것이 국가적 과제이다.

대체에너지 중 수력은 자원(물)이 부족하여 기대할 수 없다
풍력은 자원(바람)이 풍부하지만 산림파괴, 작물피해 등으로 권장하고는 있지만 외면당하고 있고 조력(밀물썰물의 이용한 수력)은 환경피해를 넘어 현실성이 떨어지고 고형연료는 하수슬러지와 폐목재(톱밥)를 팰릿으로 만들어 고로에서 태워 전기를 생산하는 것으로 고형연료를 이용한 전기생산 의무비율이 국회를 통과하여 모든 화력발전소가 고로까지 시설을 마친 상황이지만 가성비의 불균형으로 실패한 정책이고 마지막 남은 것이 태양전력이다.
태양광 사업은 유효기간이 지난 집열판의 폐기문제가 고민이지만 일단 원자재(햇빛)는 영원불멸하여 걱정이 없는 것이 최대 장점으로 세계의 전체 나라가 가장 선호하는 대체 에너지이다.

전임정부 때 부터 태양전기를 생산하면 한국전력이 전기를 사들이는 방식으로 태양광 사업을 권장하여 왔고 시설비용을 단계적으로 정부에서 지원하고 있었는데 정부지원금을 4대강 사업으로 돌리고 지원주체를 여력이 없는 한전으로 넘겨 버림으로서 태양광 사업자들은 설치하다 중단된 고물덩어리만 쳐다볼 수 밖에 없게 되었다.

문재인정부에서 야심차게 준비한 나인브릿지 사업중 하나가 태양

광 사업이다. 몽고의 고비사막에 패널을 설치하여 전기를 충전한 다음 케이블을 통하여 중국, 한국을 거쳐 해저 케이블로 일본까지 연결한다는 야심찬 계획으로 만약 성공한다면 석탄도 원자력도 필요 없어지고 전기요금도 70% 정도 절약되는 사업이었다.

대체 전력은 전 세계국가의 공통된 고민을 해소하기 위하여 한국을 비롯한 미국, 러시아, 28개 유럽연합, 중국, 인도, 일본 등 35개국이 참여하여 프랑스에 핵융합으로 플라즈마를 생산하여 이를 전기로 바꾸는 ITER (International Thermonuclear Experimental Reactor) 국제 열 핵융합실험로를 시설하고 있다.

자랑스러운 것은 ITER 의 핵심 연구진은 대부분 대덕연구단지의 핵융합연구소 박사님들 이다. 시설 또한 우리나라 중소기업이다. ITER의 전기생산 방식은 이온과 전자의 밀도를 같게 이온화 시킨 플라즈마를 핵융합실험기에서 고속으로 가동하여 이때 발생한 엄청난 열을 이용하여 전기를 생산하는 원리이다,
가장 큰 고민인 1억도의 열에 견디는 차폐블럭을 우리나라 박사님들이 최초로 개발하여 ITER를 주도하고 국내 110개 기업이 수주한 금액이 무려 6,180억원으로 ITER 분담금 3,723억원을 걱정하지 않게 되었다.
ITER가 전기를 생산, 공급하게 되면 지구뿐 아니라 우주까지 사용하게 된다는 것이다. 원자재는 그냥 하늘에 떠 있는 것 만으로 충분하여 원자재 걱정도 없다는 것이다.

태양광 사업과 바이오매스 고형연료 사업을 4개강 사업을 위하여 중지? 시킨 것은 두고두고 이명박 대통령의 업으로 남을 것이다.

이명박대통령이 취임하고 첫 번째 해외일정인 아세안회의에서 북한은 적국(敵國)중 에서도 가장 으뜸이라는 주적(主敵)이라 주장하면서 북한과의 일체적인 교류나 거래를 끊어 버렸다.

트럼프 대통령은 약속을 어기고 문재인 정부는 방관하고 풍선을 날린다고 300억원 짜리 남북연락사무소를 폭파시킨 북한이다.
자기들이 우리 관광객을 죽이고 금강산을 닫은 북한이다. 자신들의 밥줄이었던 개성공단까지 문을 닫아 걸은 북한이다. 휴전선을 농락하고 연평도 전쟁을 발발하고 백령도를 포격하고, 천안함을 폭파시켜 꽃다운 우리의 아들 40명을 죽게한것이 북한이다.
그럼에도
전쟁위험국에서 벗어나 가공무역 수출국으로 성공시키기 위하여 퍼주기도 하고 얼르고 달래던 김대중, 노무현정부의 남북평화정책과 박정희대통령의 밀사파견으로 한시적 평화정책을 하루아침에 우르르 무너트려 버린것 이다.
김대중대통령 편에서 기술 한바와 같이 우리가 잘 사는 길은 전쟁위험국에서 벗어나는 것이다. 박정희 대통령도 특사를 보내 김일성을 달래 왔던것 도 모두 전쟁위험국에서 벗어나기 위함 이었는데 이명박 대통령의 철없는 발언으로 결국 남침설이 나오고 박근혜정부에서는 미국의 북한 공격설까지 나오게 하였으며 더욱 황당한 것은 북한을 멀리하면 보수이고 북한을 가까이 하면 진보라는 말도 안되는 이념을 국민에게 심어 주었다는 것이다.

집에 금송아지 있으면 무엇하나? 팔아서 그 돈으로 돈을 벌어 금송아지 두 마리 사다 놓으면 좋은 것이다. 국민 모두 부자로 잘살게 할 자신이 있다고 큰소리 친 대통령이 취임하고 약 5개월 뒤인 8월 경, 한국석유공사, 한국가스공사. 한국광물자원공사를 독려하여 국민의 혈세 약 50조원을 투입하여 이명박대통령의 형 이상득과 왕차관이라 불리던 박영준이 주도한 170개의 해외자원개발사업이 자원외교이다.

한국석유공사를 내세워 캐나다 하베스트와 4조 5,000억원짜리 유전사업을 사업개시 44일 만에 계약을 체결하고 덤으로 1973년 완공 뒤 화재로 가동중단 된 정유시설인 날 (narl) 까지 계약을 하였다. 십만원 짜리 물품을 구입해도 인터넷으로 검색하고 이것저것 살피고 검토하는 것이 기본이다.
엄청난 금액의 계약이고 국민의 돈이 들어가야 하는 사업이니 CEO인 이명박대통령도 한국석유공사도 전문가의 평가를 받는 것은 당연한 것으로 대통령도 검토를 하였을 것이다.
평가를 의뢰한 회사는 이명박대통령의 집사로 알려진 청와대 총무기획관 김백준의 아들이 상무로 있는 메릴린치의 평가서를 체택하여 44일만에 계약을 체결한 것이다. 덤으로 받은 날(narl)은 3년간 쳐다보기만 하다가 1조원의 손실을 입게된다.
이명박대통령은 자원외교라는 이름으로 43조원을 투자하여 13조원을 낭비하고 민간기업까지 8,500억원의 손실을 입히고 말았던 것이다.

다른 것은 생략하는 것이 나을 것 같아서 이만 접는다.

이명박대통령의 국정을 돌이켜 보면 어느 한구석 백성을 사랑하는 흔적은 찾아보기 힘든 것은 필자만의 느낌 일까?

이명박 대통령의 5년을 보면 선을 행 하는자 는 하늘이 복을 주고 선을 행하지 않는자 에게는 화를 준다. 는

僞善者 天 報之以福. 爲不善者 天 報之以禍 라는 말이 생각난다.

이명박 대통령은 퇴임 후 안정적이고 평화로운 나날을 보내고 있었다. 4대강 사업의 질책도. 자원외교로 인한 국고손실의 질책까지 무엇 하나 건드리는 사람(言論)이 없었기 때문이다.

박근혜 대통령의 절대적인 비호 없이는 불가능 한 일이다.

시쳇말로 제 발등 찍기이고 누워서 침 뱉기 였을 것이다.

그러 하였음에도 행복한 시간은 오래가지 못한 것은 하늘이 보고 있었기 때문 아니었을까?

백성이란 거대한 물(有權者)이 배(大統領)를 갈아 엎어 버렸다. 사람이 착하지 못한 일로 세상에 이름을 나면 사람이 해치지 않더라도 하늘이 반드시 죽인다는 若人作不善 得顯名者 人雖不害 天必戮 之 (약인이 작불선 하여 득현명자 이면 인수불해천필육지) 와 같이 하늘이 나선 것이다.

박근혜 대통령이 파면되고 징역 20년을 주었는데 이명박 대통령은 몇 년 받을지 궁금하다. 박근혜대통령은 87세 정도가 되어야 출소 할것이다.

그러나 일국의 대통령을 사면하지 않는 정부는 없기에 사면할 공산이 크다 할것이다. 아이러니 한 것은 박근혜전대통령은 무죄를 외치고 구치소 앞에서 격려 집회도 하는 지지자들이 많은 반면 이명박대통령은 가끔 한 두명이 립서비스 하는 것 이외에는 우호적인 사람들이 없다는 것이다.

선한사람에는 하늘이 복을 주고 악한사람은 화를 준다는
爲善者 天 報之以福. 爲不善者 天 報之以禍 인가?

박근혜 대통령 (2013.2.25.~2017.3.20. 18대. 새누리당)

박근혜 대통령은 대한민국을 18년간 통치했던 대한민국 제 5~9대 박정희 대통령의 장녀로 아버님, 어머님이 모두 흉탄에 돌아가신 비운의 대한민국 따님으로 독신이다

정치에 입문하여 대한민국 보수정치의 아이콘으로 성장하시고 정당의 대표를 맡아 열린우리당의 열풍속에서도 121석을 유지케 한 여걸이고 각종 선거를 승리로 이끌어 선거의 달인이라는 칭호를 가지고 있는 대한민국 최초의 여성 대통령이다.

서강대학교를 졸업하고 프랑스로 유학중 육영수 여사의 부음으로 돌아와 청와대에서 어머니를 대신 하여 대한민국의 레이디퍼스트를 대행하면서 아버님을 6년 간 보필한 여걸이었다.

박근혜는 6년 동안 아버지 박정희대통령의 통치를 보고 배웠을 것이다. 취임 일성(一聲)이 아버님이 이루지 못한 꿈을 이루는 것이라 한 것 도 그 이유가 아닐까 생각한다.

새누리당 박근혜 대선후보는 임태희, 김태호, 안상수, 김문수 후보를 압도적으로 이기고 대통령후보가 되고. 준비된 대통령, 행복한 대한민국, 잘사는 대한민국을 기치로 새누리당 후보로 출마 하였고 민주통합당은 급조?한 문재인을 대통령후보로 출마 시키고 박근혜후보 떨어트리려 나왔다는 통합진보당 이정희 후보가 전격 사퇴하면서 박근혜, 문재인 양자대결구도에서 48%인 14,692,632표를 얻은 문재인 후보를 1,080,496표 차이로 대한민국 제18대 대통령에 당선되었다.

박정희 대통령의 심복이었던 김기춘을 비서실장으로 영입하여 순항을 거듭하던 박근혜 호가 암초에 걸린 사건이 취임 1년2개월 남짓한 2014년 4월16일 제주도로 수학여행을 가던 안산 단원고의 꽃다운 아들과 딸 304명이 차디찬 물속에서 숨을 거두고 아직까지 5명은 시신조차 찾지 못한 세월호 사건이다.

모두 구조되었다는 오보방송이 나오고, 기울어진 배의 학생을 팽개치고 도망 나온 선장 이준석을 해경이 먼저 구조하는 화면이 공개되고 이어서 문고리 3인방과 십상시 문제가 이슈가 되고, 충북 보은의 백남기 농부가 물대포에 맞아 사망하는 사건으로 국민은 공분하였고 광화문을 비롯한 전국 각지는 박근혜 OUT 촛불이 불타오르기 시작하였다.

엎친데 덮친격 으로 그 유명한 강남 아줌마의 국정농단까지 불거지며 대한민국 정치 역사상 두 번째로 국회에서 대통령탄핵이 가결되는 비극이 초래되었다.

2016년 12월9일 총 재적 300명중 새누리당 의원 1명을 제외한 299명이 출석하여 213 : 86으로 가결되어 동일 오후 7시 03분에 대통령의 업무는 중지 되었다. 자신의 정당인 새누리당 국회의원 41명도 찬성하였으니 강남아줌마 최순실의 국정농단은 하늘도 비켜가지 못할 정도로 엄중하였기 때문이다.

최순실로 인하여 박근혜대통령의 어린시절(고등학교,대학교) 최순실의 아버지 인 최태민과의 관계까지 만방에 퍼지게 되고, 머리부터 발끝까지 까발라지는 수모를 당하였다.

박근혜대통령은 자진사퇴를 거부하다 2017년 3월10일 대통령직에서 파면당하고 30여개의 범죄혐의로 징역 20년을 선고받고 복역 중 이다. 만약 형량대로 형기를 마친다면 87세정도에 나올 수 있는 지경에 처 하였다.

박근혜 대통령에 관하여 그의 종형부인 김종필 은 "근혜는 제 아버지와 어머님의 나쁜 점 만 배웠다 "고 말한다.
육영수여사님의 품성은 온화하고 인자한 것으로 온 국민에게 각인되어 있다. 어릴 때부터 쭉 지켜본 김종필이 박정희 대통령 부부에 대하여 무엇이 좋고 무엇이 나쁜 것 이라고 말하는지 모르지만 아버지인 박정희 대통령의 나쁜 점은 일인지하 만인지상의 독재성과 왕조국 대한민국의 왕이라는 그릇된 인식이 아닐까 한다. 또한 남의 말 들을 생각도 하지 않고 자신의 생각대로 밀어붙이고 이에 반하면 가차 없이 내치는 그런 성격이었을 것이다.

김종필의 이 같은 평가를 뒷받침하는 것이 박근혜 당 대표를 하늘처럼 떠받들던 핵심 당직자와 국회의원들과 적이 되었다는 것 이다. 아마 그들은 탄핵에 찬성표를 던진 41명 중에 있지 않을까 ?

박근혜 대통령의 불행은 양친이 총탄에 돌아가신 것 말고 이명박 대통령과의 관계에서도 있었다. 김대중 대통령이 김영삼정부로 부터 곳간의 열쇠를 받아 곳간을 열어보니 먼지만 펄펄 날렸다 하였다. IMF 구제금융을 받을 정도이니 곳간이 풍족하지 않을 것은 불 보듯 뻔하니 쉽게 이해 하시겠지만 이명박정부 때는 22조원을 들여 1년만에 4대강 사업도 원할히? 추진했고 CEO의 재량으로 자원 외교로 43조원을 굴렸으니 곳간이 빌래야 빌수 없었을 것 이라 누구나 생각하였는데 김영삼 대통령이 나라를 거덜 내었듯이 이명박 대통령도 나라를 거덜 내 버렸던 것이다.

박근혜정부 4년 동안 추진한 사업이 무엇이었습니까?

제 기억으로는 하나도 없는 것으로 기억합니다.

솔직히, 사업을 할 기력이 없었을 것입니다.

박근혜대통령은 재판과정에서 보시듯이 자신의 주머니를 챙기지는 않은 것으로 보인다. 돈이 필요가 없었을 것이다.

재산을 물려줄 자식도 없고. 퇴임하면 국민의 세금으로 먹는 것 걱정 없고, 집도 지어주고, 전기세 가스비도 내어주고, 세금도 없고. 쳐 고급차에 운전수 까지 딸려주는데 무슨 돈이 필요하겠습니까. 오직 아버님 에게 배운 폼생폼사 만 하면 되었기 때문 일 것 입니다.

이승만, 박정희 대통령은 대통령의 권력을 이용하여 장기집권의 야욕으로 온갖 명예를 날리고 다른 대통령은 금전욕으로 온갖 명예를 날렸다면 박근혜 대통령은 측근들이 대통령의 권력을 이용해 금전욕을 채웠다는 것이다.

그 중심이 최순실이다.

지금도 많은 국민들이 박근혜대통령보다 박근혜 공주를 먼저 생각한다. 가만히 앉아 있으면 옆에서 모든 것을 알아서 해주는 그런, 공주 말이다. 국정은 왕실장이 있으면 되고, 국정 코치는 최순실이 있으면 되니 구중궁궐에 앉아 분칠하고, 실로 꿰메고, 헬스하고 머리화장하고 바람 쏘이듯이 손에 이끌려 행사장에 다니기만 하면 되었을 것이다.

시장에 가서 떡볶이 먹어주고 어려운 사람에게 눈물만 잠깐 보여주고 맘에 안드는 사람에게 전화하여 젊잖게 경고만 하면 되었기 때문이다.

박근혜대통령을 회고하면서 다음 세대만을 생각하는 정치가(政治家)가 아닌 다음 선거만을 생각하는 정치인(政治人)이었다는 것이고 "할줄 모르면 아예 하지나 말지" 아닐까?

문재인대통령 (2017.5.10. ~ 2022.05.09. 19대. 더불어민주당)

문재인대통령은 북한에서 남하한 가진 것 없는 부모 슬하에서 갖은 고생으로 고등학교를 마치고 경희대법대를 수석으로 합격하고, 학생운동으로 옥중에서 사법시험(22회)에 합격하였고 사법연수원 동기로는 박원순, 고승덕, 조영래가 있다.

대학에서 제적당한 문재인은 곧 바로 강제징집당하여 제1공수 특전여단 3특전대대에 편입되었고 학생운동 전력으로 판사 임용을 받지 못하자 부산으로 내려가 노무현 변호사를 만났고 그 인연으로 노무현정부 대통령비서실 시민사회수석, 민정수석. 비서실장을 거쳐 대한민국 제19대 대통령이 된 입지전적 인물이다.
.
문재인 대통령을 말하자면 먼저 18대 대통령후보 이야기를 하지 않을 수 없다. 더불어민주당 제18대 대통령후보 문재인은 급조? 한 후보로 보는 것이 맞을 것 이다.
열린우리당이 문을 닫으면서 당권을 쥔 구 민주당이 한나라당에서 탈당한 손학규와 함께 민주통합당을 창당하여 권토중래에 온힘을 쏟아 붙지만 이미 망가질데로 망가지고 시일도 촉박한 상황에서 박근혜후보를 따라 잡을 대선후보가 마땅치 않은 것이 현실이었다. 더구나 이명박정부의 지지도가 하락하는 국면 이었음에도 솔직히 인물면에서 박근혜 후보를 저지할 사람이 없었다. 민주통합당을 비롯한 진보진영은 당을 떠나 진보정권이 절실하였고, 그 절실함은 최선을 잉태하게 되었는데 생각할 필요도 없는 제2의 노무현이었다.

노무현대통령의 정신을 대변할 인물은 비서실장을 지내고 부산에서 당선된 초선 국회의원 문재인 뿐 이었다.

문재인 민주통합당 대선 후보는 손학규, 김두관. 정세균후보를 큰 차이로 제치고 대통령후보가 되면서 진보정당이 한마음이 되어 박근혜후보와 일대일 매치가 성사되었지만 결과는 48% : 51.6%. 백만표 차이로 패 하고 말았다.

선거에서는 패배하였지만 민주통합당과 진보정당이 얻은 것은 진보가 하나가 될 가능성과 친노의 부활 이었다.

호사다마(好事多魔)라 했던가 진보진영에 마(魔)가 끼었는데

그것이 48% 득표이다. 민주통합당과 진보정당은 48%에 함몰되어 진보진영이 하나가 되는 절대적 호기를 잃어버리고 말았다.

민주 정당정치를 금과옥조(金科玉條)처럼 여기던 사람들이 대통령후보만 되면 된다는 욕심으로 민주정당의 꽃인 보수,진보 양당정치를 외면하고 분당과 분열을 거듭하여 진보적인 국민을 분열시키고 실망감을 증폭시켜 버린 것이다.

양당정치의 중요성은 민주주의 국가에서 열 번을 강조해도 부족한 정치 형태로 선거비용 면 에서도 중요하다.

선거비용은 국민의 피 와 땀이다. 양당정치가 선택의 폭이 좁다는 단점은 존재하지만 금전적으로는 가장 효율적이다.

선거비용으로 국민의 세금에서 부담하는 금액를 보면

-.정당보조금 명목으로 국회의원 수와 정당투표율을 합산하   여

연 400억원 ~ 440억원

-.대통령 출마하는 정당에 420억원

-.총선(국회의원)에 출마하는 정당에 440억원

-.지방선거에 출마하는 정당에 425억원

-;여성을 출마시킨 정당에 보조금을

-.장애인을 출마시킨 정당에 보조금으로 준다

이러 하기에 어느 정도 지지도가 있고 5개 시도에 인맥이 있고 돈 있는 사람이 정당을 만들어 재수좋게 국회의원 몇 명 당선되면 국민의 세금인 각종 보조금을 받아 땅집고 헤엄치는 것이 정당이다. 국민의 혈세로 선거비용을 지급하는 선거공영제도 는 15% 이상 득표하면 법정 선거비용 전체를, 10% 이상이면 50%를 국민의 세금에서 지원하고 있다

당선자는 선거비용 전체를 지급하고 낙선자는 당선자수의 배수로 계산하여 50%를 지급한다는 전제하에 세금으로 낭비하는 법정선거비용이 얼마인지 살펴보면

-. 대통령: 인구수 x 950원.

-.국회의원: 1억원 + (인구수 x 200원) + (읍면동수 x 200만원) +

　　　(복합선거구 1지역당 1,500만원).

-.비례대표 국회의원: 인구수 x 90원

-.도지사: 8억원 + (인구수 x 250원),

-.시도의원: 4천만원 + (인구수 x 100원).

-.비례대표 시도의원: 4천만원 + (인구수 x 50원).

-.광역단체장: 4억원 +(인구수x 300원).

-.시장군수: 9천만원+(인구수x 100원)+(읍면동수x 100만원)

-.기초의원: 3천5백만원 +(인구수x 100원)

-.비례기초의원: 3천5백만원 +(인구수x 50원)으로

법정선거비용 금액의 평균치는

-.대통령 : 500억원, 최소 2.5명. 1.250억원

-.국회의원 : 평균4억원, 253지역에서 2.5명. 2,530억원

-.도지사 : 평균 14억원, 9지역에서 2.5명. 315억원

-.시도의원 : 평균 8천만원, 737명의 2.5명. 1,474억원

-.광역단체장 : 평균 10억원, 8지역에서 2.5명. 200억원

-.시장군수 : 평균 3억원, 226명의 2.5명. 8,065억원

-.기초의원 : 평균 5천만원, 2,541명의 2.5명. 3,176억원으로

총 1조 7,010억 원 으로 이를 4년으로 나눈다면 일년에 4,252억 원
이다.

여기에 매년 지출하는 정당보조금 약 400억원, 선거보조금으로 약
1,200억원 (년300억원)으로 일년 기준으로 4,700억 원의 세금이 들
어가고 있는 것이다.

이 많은 혈세를 그들에게 지불하는 이유는 다음 선거만을 생각하
는 정치인(政治人)이 아니라 다음 선거만을 생각하는 정치가(政治
家) 이기를 기대하기 때문이다.

국민에게 괴로움을 주는 정치인(政治人)이 아니라 즐거움을 주는
정치가(政治家) 이기를 기대 하기 때문이다.

우리와 우리의 자녀와 후손이 걱정 없는 대한민국을 만들어 주기를 기대 하기 때문이다.

우리를 아끼고 사랑하고 헌법에 따라 대한민국을 다스리라는 기대하기 때문이다.

그러나

그들은 작으마한 지지도를 가지고 붕당을 지어 국민을 분열시키고 국민의 세금을 탕진?하고 있는 것 이다.

그런 것이 꼭 다음 선거만을 생각하는 정치인의 책임 일까?

그 책임은 우리에게도 있다.

정치인과 정치가를 구분하지 못하고 마냥 정치가 싫고 실망스럽다 하여 기권하고 다음 세대를 생각하는 정치가를 바로 보지않고, 혈연, 학연, 지연, 정당에 억매여 다음 선거만을 생각하는 정치인을 선택하고. 우리의 자녀와 우리의 후손의 행복보다 자신의 감성으로 투표를 하였기 때문이고 작으마한 지지도에 매혹되어 투표를 하였기 때문이다.

민주정당정치의 꽃인 양당정치가 실현 된다면 우리는 현혹될 이유가 없다. 둘 중 하나를 선택하는 것은 쉬운일 이고 정확하게 판단할 수 있기에 일년에 4,700억원을 주어도 아깝지 않을 것 이다.

양당정치를 이루지 못한 또 하나 이유가 있었다. 김한길이 민주통합당 당대표 가 될 쯤 어느 한사람의 정당선택을 두고 설왕설래 했었다. 보수적 색채가 강하고 이명박대통령이 영입하였으니 새누

리당으로 갈 것이다. 박원순에게 서울시장을 양보한 것을 보면 진
보성향이라 민주통합당으로 갈 것이다 하면서 설왕설래 했던 사람
이 안철수이다.

김영삼 대통령편에서 언급하였지만 그의 꿈은 대통령으로 대통령
을 얻기 위하여 정치는 생물이라는 그릇된 생각을 김영삼에게 얻
은 사람이다. 안철수는 민주통합당에 입당하여 공동대표가 된다.
문재인 후보가 48%를 득표하고 진보진영이 하나가 될듯하니 민주
통합당 당내 경선에서 이기기만 하면 대통령도 가능하다는 생각을
한 것은 불 보듯 뻔 한 일이다.
그러나 정치가 미숙하여 대통령후보 당내경선을 착각하고 있었던
것이다.

대통령후보 당내경선은 결정 되거나 마찬가지인 후보를 중심으로
6명을 출마시키고 당세확장과 후보를 선전하기 위한 목적으로 지
역을 순회하고 TV토론을 하는 것이 정설이었던 때이다.
대통령후보 당내경선 후보는 유권자의 성향에 맞추어
-. 하이칼라를 대변하는 후보
-. 불루칼라를 대변하는 후보
-. 경상권을 대변할 후보
-, 호남권을 대변할 후보
-. 충청권을 대변할 후보
-. 여성을 대변할 후보로 하여 짜여진다.

어차피? 당선될 후보를 중심에 두고 유권자의 성향에 맞추어 각 부분의 대표를 전진배치하여 최종적으로 당선자의 손을 들어줌으로써 여섯가지 성향의 유권자를 하나로 뭉치게 하는 효과를 가지려 하는 것이다.

나머지를 불쏘시개 라 표현하듯이 문국현이나 안철수는 하이칼라를 대변하는 당내경선의 불쏘시개 인 것이다.

뒤 늦게 당내경선에서 이기지 못함을 감지한 안철수는 친노정치에 불만을 가진 세력과 지역구에서 대통령선거의 득표율이 자신의 선거에 미치지 못한 국회의원후보는 공천에서 배제한다는 당규로 인해 공천을 받지 못 할 호남 정치인을 규합하여 국민의 당을 만들어 국회의원선거를 치르는데 이행동은 지지도를 이용하여 정당을 만든 다음, 지분을 확보하여 합당을 하고 대통령이 되기 어려워지자 다시 분당을 하여 당을 만들어 대통령에 출마하려는 자기만의 욕심을 부린 것이라고 할수 있다.

대통령 선거에서 48%를 득표하여 화려하게 부활한 친노는 더불어민주당으로 당명을 개정하고 문재인 당 대표를 중심으로 2016년 4월13일 치루어진 20대 총선에서 전통적 지지기반인 호남의 현역 국회의원이 국민의 당으로 빠졌음에도 김종인 당대표가 이끄는 새누리당과 동석인 123석을 얻었고 국민의 당은 38석을 얻음으로서 **20대 국회의원 총선거는 정당이 가야할 능력정당정치, 인물정당정치의 길을 제시한** 선거이었다.

더불어민주당은 25.5%의 지지율(정당득표율)로, 33.5%인 새누리당, 26.7%인 국민의당 에 이어 3위 이었음에도 능력정당, 인물정당으로 인정받아 지지도에 의존한 국민의당 보다 85석이나 많은 123석을 얻은 것이다.

여기에다 세월호 사건과 최순실 국정농단사건으로 박근혜 대통령의 인기가 급락하면서 새누리당은 믿지 않는 정당으로 국민의당은 믿을 수 없는 정당으로 인식되면서 국정을 경험한 더불어민주당의 인물로 쏠리게 된 것이다.

박근혜대통령이 대통령 직에서 파면 당하면서 더불어민주당의 분위기는 한마디로 절실함이 최고를 창출한다는 분위기가 더욱 팽배해져 친노, 비노, 민평연 등을 따지지도 않고 지난 18대 대선 패배를 거울삼아 내가 대통령후보라는 각오로 19대 대선을 준비하였다.

노무현대통령으로 인하여 거저 먹듯이 이명박대통령이 되듯이 박근혜대통령으로 인하여 더불어민주당 후보가 거저 먹을 것 같은 분위기는 이미 광화문을 비롯한 전국의 촛불에 써 있었으니 더불어민주당 에서는 당내경선에서 이기기만 하면 바로 대통령이라는 분위기 이었다.
당시 더불어민주당의 분위기는 열에 아홉은 문재인 이었고 후보에 등록한다는 것은 더불어민주당과 대한민국 진보정치를 위협한다는 분위기 이었다.

아무리 그래도 고춧가루는 존재하는 것이 정치판이다.

대선후보로 거론되던 박원순, 이재명, 안희정 3명 중 박원순 서울시장은 당내 분위기와 전국분위기를 보고 출마를 포기한다. 이재명 성남시장이 먼저 포기선언을 준비하다 박원순시장에게 순서를 놓쳐버린 것 이라는 말도 있다.

이 여백을 틈탄 안희정 충남지사가 이재명 성남시장과 최성고양시장과 함께 경선흥행을 명분으로 출마를 강행한다.

이 허망한 사례에 대한 필자의 칼럼을 소개한다.

한번 꺾인 날개로는 다시 날기 어렵다!
"모든 새가 아무 때나 창공을 나를 수 있는 것은 아니다"

모든새가 아무 때나 창공을 나를 수 있을까 ?
결론은 '아니다'이다.

한때 진학반과 우열반을 편성하고 능력과 적성에 따라 분류하던 시절이 있었다. 동물의 세계에서도 높은 곳에서 밀어뜨려 강한 새끼만 키우는 습성이 있다. 오늘은 그중에 "새"에 대하여 논 해보고자 한다.

새의 생존 법칙은 하늘을 날아야 되는 것이다. 시골에 살아본 사람이라면 새 둥지 아래 떨어져 죽은 어린 새를 보신적이 있을 것이다. 또는 지금은 거의 볼수 없지만 처마밑 에 바구니 형태의 제비집과 그 아래에 어린 제비가 떨어져 죽은 것을 본 적이 있을 것이다.

새는 어미의 도움으로 성장하면서 날개 쭉지에 힘이 붙으면서 서서히 깃털이 나오기 시작하고 하늘을 나는 기술을 터득하고 스스로 먹이를 구하고 짝을 지어 알을 낳고 부화하여 어린 새끼를 키우는 반복적으로 하여 생존을 이어간다.

인간과 하등 다를 게 없는 것이다. 새는 깃털에 제법 힘이 붙기 시작할 무렵이면 어미가 지켜보는 가운데 하늘을 나는 연습을 시키는데 첫 번째 순서가 둥지에서 바닥으로 내려 나르는 연습이다. 어린새는 자의적으로 날아 오르지 못하여 어미새가 다시 둥지로 물어서 올려주고를 반복한다.

새끼가 조금더 성장하면 둥지에서 가까운 나무로의 날음을 반복하는 연습을 시키며, 조금더 성장하면 먼곳의 나무로의 날음을 거치고 마지막으로 가장 중요한 순서인 바람과 날개의 힘을 이용한 비행방법을 습득한 후에 어미곁을 떠나는 것이다.
바람이 자신앞으로 불어오지 않을 경우 날개의 힘으로 가장 가까운 기류를 타야하는 지식까지 터득하는 것도 가장 중요한 일부분이다.

과정의 세 번째에서 네 번째 습득을 방관하고 날개의 힘만으로 날 수 있다는 자만으로 출가를 결행하는 새는 결국 날개가 부러져 나무와 나무사이는 날수 있어도 창공을 날 수가 없고 스스로 도태되어 버리고 마는 것이다.

인간도 다를 게 없는 경우를 우리는 허다하게 보아왔다. 수신제가하고 수기치인하여 거목에 많은 가지를 뻗치고 풍성한 잎새로 시원한 그늘을 만들어 많은 사람들이 편히 쉬게할 자리를 만들었을 때 비로서 치국평천을 할 수 가 있음에도, 아직 거목이 되지않는 나무가 몇 가지를 뻗었다고 치국평천을 하려는 우를 범하여 거목감의 나무가 스스로 도태된 경우를 우리는 보아왔다.

K모씨의 경우, 자의적이나 타의적으로나 누가 무어라 해도 최고의 자리에 오를 것이라 하였지만 그는 비행을 위한 바람을 탈 줄아는 기술을 습득하였다는 오만으로 지금은 나무와 나무사이만 오가는 새의 신세가 되어버리고 말았다.

A씨의 경우, 바람을 탈줄아는 기술을 습득하였음에도 언젠가는 자신앞으로 불어올 바람을 예측치 못하고 조급증에 빠져 바람이 없는쪽으로 만 날아다니는 처량한 신세가 되어 버렸다.

수신제가와 수기치인의 덕목을 가중시키면, 자신앞으로 불어올 바람이 정해져 있는, 대한민국을 품에 안을 크나큰 재목이 K.A 와 같이 스스로 날개를 부러트리는 우를 범하지 않기를 희망하는 바이다.

민병홍 칼럼니스트

더불어민주당의 대선후보경선의 승자는 당연히 문재인이었고 안희정과 이재명의 표 차이를 보면 안희정이 충남에서 이재명을 앞섰지만 다른 지역에서는 전부 이재명이 앞선 것이 특이하다.

세 후보는 무엇을 얻고 무엇을 잃었을까?

최성 고양시장은 현역 시장이면서도 시장후보경선에서 현역 도의원에게 처참하게 패배하였고, 안희정은 노무현 적자를 내세우며 거칠게 문재인 대세를 공격하여 안희정 지지자들 일부가 안철수로 넘어가는 상황이 연출되고 말았다.

이재명은 문재인후보를 공격하기보다 자신을 알리는데 치중하여 대기만성을 꿈꾸었지만 불필요한 경선이 팽배한 상황에서 출마를 강행하여 열중 하나만 생각이 달라도 적으로 간주하는 흑백 완전주의를 가진 친노의 분노를 얻었다는 것이다.

창공을 날수 있는 기술과 능력은 가졌지만 자신 앞에 기류가 없는 상황에서 날개의 힘만으로 억지로 날으면 날개는 고장 나거나 부러질 수밖에 없다는 것이 이치라는 점을 말하고 싶다.

이재명은 2020년 중반기에 이슈를 양산하고 즐기는 언론의 특성상 더불어민주당 대선후보로 거론되며 이낙연 당 대표를 앞서가는 듯 보이지만 안희정도 없고 박원순도 없는 판세에서 반사이익을 얻고 있는 것이 이재명이다.

본다. 19대 대통령선거는 헌법상 임기만료일(2월25일) 70일 이후 첫 번째 수요일 2017년 12월20일 이었으나 박근혜대통령의 탄핵으로 5월9일 치루어 졌다.

『참고』
* 국회의원 선거일 :
    임기(5월30일) 만료일 이전 50일 후 첫 번째 수요일
* 지방 선거일:
    임기(7월1일) 만료일 이전 30일 후 첫 번째 수요일

19대 대통령 선거가 12월20일 이 아닌 5월9일 치루어진 이유는 대통령이 임기 중에 파면되었기 때문이다.

대통령 파면은 대법원의 판결이 있어야 하며 대법원의 판결을 구하기 위 하여는 먼저 국회에서 탄핵소추 결정이 있어야 한다.

대한민국 국회 역사상 대통령에 대한 탄핵소추는 2번 이었는데 첫 번째는 2004년 노무현 대통령이다.

노무현대통령이 기자의 질문에 "국민이 열린우리당을 지지해줄 것을 기대한다" 라 답한 것을 공직선거법위반 5건, 국정파탄, 경제파탄, 측근비리 8가지 죄목으로 한나라당. 새천년민주당, 자유민주연합이 연합하여 동년 3월12일 찬성 193표로 탄핵안이 가결시켰고 탄핵소추안은 동년 5월14일 대법원에서 부결된 사건이고 두 번째는 2016년 박근혜대통령이다. 국정파탄 등 죄목으로 찬성 234명 반대 56명, 기권2명, 무효7명으로 가결하여 대법원의 대통령파문결정으로 파면된 사건이다.

다음은 박근혜대통령의 대법원 판결 결정문이다.

대통령은 헌법과 법률에 따라 권한을 행사하여야 함은 물론,

공무 수행은 투명하게 공개하여 국민의 평가를 받아야 합니다.

그런데

피청구인은 최서원의 국정개입사실을 철저히 숨겼고, 그에 관한 의혹이 제기될 때마다 이를 부인하며 오히려 의혹 제기를 비난하였습니다.

이로 인해 국회 등 헌법기관에 의한 견제나 언론에 의한 감시 장치가 제대로 작동될 수 없었습니다.

또한,

피청구인은 미르와 케이스포츠 설립, 플레이그라운드와 더블루케이 및 케이디코퍼레이션 지원 등과 같은 최서원의 사익 추구에 관여하고 지원하였습니다. 피청구인의 헌법과 법률 위배행위는 재임 기간 전반에 걸쳐 지속적으로 이루어졌고, 국회와 언론의 지적에도 불구하고 오히려 사실을 은폐하고 관련자를 단속해 왔습니다. 그 결과

피청구인의 지시에 따른 안종범, 김종, 정호성 등이 부패범죄 혐의로 구속 기소되는 중대한 사태에 이르렀습니다. 이러한 피청구인의 위헌·위법행위는 대의민주제 원리와 법치주의 정신을 훼손한 것입니다.

한편,

피청구인은 대국민 담화에서 진상 규명에 최대한 협조하겠다고 하

였으나 정작 검찰과 특별검사의 조사에 응하지 않았고, 청와대에 대한 압수수색도 거부하였습니다.

이 사건 소추사유와 관련한 피청구인의 일련의 언행을 보면,

법 위배행위가 반복되지 않도록 할 헌법수호의지가 드러나지 않습니다.

결국

피청구인의 위헌, 위법행위는 국민의 신임을 배반한 것으로 헌법 수호의 관점에서 용납될 수 없는 중대한 법 위배행위라고 보아야 합니다.

피청구인의 법 위배행위가 헌법질서에 미치는 부정적 영향과 파급 효과가 중대하므로, 피청구인을 파면함으로써 얻는 헌법 수호의 이익이 압도적으로 크다고 할 것입니다.

이에 재판관 전원의 일치된 의견으로 주문을 선고합니다.

주문

피청구인 대통령 박근혜를 파면한다.

이에 따라 2017년 12월20일 이던 대통령 선거일이 5월9일이 된 것 이며 다음 대통령선거일은 2022년 3월9일 이다.

16대부터 19대 대통령선거 정당득표율

	16대		17대		18대		19대 %		
	한	민	한	민	새	민	새	민	국
서울	44.9	51.3	53.2	24.5	51.5	48.0	20.7	42.3	22.7
부산	66.7	29.8	57.9	13.4	59.8	39.8	31.9	31.9	18.6
대구	77.7	18.6	69.3	6.0	80.1	19.5	45.3	21.7	14.9
인천	44.5	49.8	49.2	23.7	51.5	48.0	20.9	41.0	23.6
광주	3.5	95.1	8.6	79.7	7.7	91.9	1.55	61.1	30.0
대전	39.8	55.9	36.2	23.5	49.9	49.7	20.3	42.9	23.2
울산	52.8	35.2	53.9	13.6	59.7	39.7	27.4	38.1	17.3
세종	--	--	--	--	51.9	47.5	15.2	51.0	21.0
경기	44.1	50.6	51.8	23.5	50.4	49.2	20.7	42.0	22.9
강원	52.4	41.5	51.9	18.8	61.9	37.5	29.9	34.1	21.7
충북	42.9	50.4	41.5	23.7	56.2	43.2	26.3	38.6	21.7
충남	41.2	52.5	34.2	21.0	56.6	42.8	24.8	38.6	23.5
전북	6.2	91.5	9.0	81.6	13.2	86.2	3.34	64.8	23.7
전남	4.6	93.3	9.2	78.6	10.0	89.2	2.45	59.8	30.6
경북	73.4	21.6	72.5	6.8	80.8	18.6	48.6	21.7	14.3
경남	67.5	27.0	55.0	12.3	63.1	36.3	37.2	36.7	13.3
제주	39.9	56.0	38.6	32.7	50.4	48.9	18.2	45.5	20.9
	46.5	48.9	48.6	26.1	51.5	48.0	24.0	41.0	21.4
당선	민)노무현		한)이명박		새)박근혜		더민)문재인		

위 표를 보면 17대 한나라당 이명박후보는 전임정부(새천년민주당)
의 국정운영 도움을 받지 못하여 국가운영이 미숙?한 노무현정부
에 대한 반감과 임기내내 언론에 시달린 노무현대통령으로 인하여
이명박 후보가 거저? 먹은 것이라 판단되며 18대는 진보진영이 뭉
쳐 양자구도로 진행되었고 19대는 이명박대통령의 실기와 박근혜
대통령의 파면으로 새누리당은 무조건 아니라는 풍조와 그래도 국
정경험이 있는 더불어민주당에 기대를 걸 수 밖에 없는 국면으로
이명박 후보 처럼 솔직히 거저? 먹은 것으로 보여진다.

보수정당(한나라당,새누리당) 지지율 변화 / 단위 %

	16대		17대	증감	18대	증감	19대	증감
	이회창		이명박		박근혜		홍준표	
서울	44.95	-	53.23	+ 8	51.55	- 2	20.78	-21
부산	66.74	-	57.90	- 8	59.82	+ 2	31.98	-28
대구	77.75	-	69.37	- 8	80.14	+11	45.36	-35
인천	44.56	-	49.22	+ 5	51.58	+ 2	20.91	-31
광주	3.57	-	8.59	+ 5	7.76	- 1	1.55	- 6
대전	39.82	-	36.28	- 3	49.95	+13	20.3	-29
울산	52.87	-	53.97	+ 1	59.78	+ 6	27.45	-32
세종		-			51.91		15.24	-37
경기	44.18	-	51.88	+ 7	50.43	- 1	20.75	-30
강원	52.48	-	51.96	+ 0	61.97	+10	29.97	-32
충북	42.89	-	41.58	- 1	56.22	+15	26.32	-30
충남	41.22	-	34.26	- 7	56.66	+22	24.84	-32
전북	6.19	-	9.04	+ 3	13.22	+4	3.34	-10
전남	4.62	-	9.22	+ 5	10.00	+ 1	2.45	- 8
경북	73.46	-	72.58	- 1	80.82	+ 8	48.62	-32
경남	67.52	-	55.02	-12	63.12	+ 8	37.24	-26
제주	39.93	-	38.67	- 1	50.46	+12	18.27	-32

위 표는 전임 대통령의 국정평가가 호불호로 이어져 대통령선거에 미친 결과를 볼수 있는데 17대에 한나라당이 16대보다 떨어진 이유는 청년층이 관심을 가지기 시작하며 일어난 현상이며 18대는 진보의 분당, 분열로 실망감을 해소하지 못한 결과이며 19대는 국민의 분노가 나타난 결과라 볼수 있다.

그래도 변하지 않은 것은 지역이다. 호남(광주, 전남북)은 죽어도 진보정당이었고 경상(부산, 대구, 울산, 경남북)은 죽어도 보수정당이었다.

부산, 경남이 고향인 노무현후보와 문재인후보가 도전하면서 혈연, 학연, 지연으로 민주당을 찍은 것 이외에는 바뀐 것이 없다.

위 표에서도 대통령선거 승리의 요건을 보게 되는데 보수가 승리하기 위 하여는 호남과 충청권에서 30%를 득표 할 후보 이어야 하고. 진보가 승리하기 위 하여는 경상권에서 30%를 득표할 후보 이어야 한다는 것이다.

유권자의 분포를 보면 수도권(서울, 경기, 인천)이 대략 50% 이고, 경상권(부산, 대구, 울산, 경남북)이 25% 이고 충청권(대전, 세종, 충남북, 강원)이 15% 이고 호남권(광주, 전남북)이 10%로 보수당이 승리하려면 텃밭을 고수하고 호남권에서 30%를 얻어야 되는 것이고 진보당이 승리하려면 경상권에서 30%를 얻어야 되는 것이다.

	18대		19대			비고
	새누리	더불어	새누리	더불어	국민	
서울	51.55	48.02	20.78	42.34	22.72	보수 안철수로 이동
부산	59.82	39.87	31.98	38.71	18.62	상동
대구	80.14	19.53	45.36	21.76	21.41	상동
인천	51.58	48.04	20.91	41.02	23.65	상동
광주	7.76	91.97	1.55	61.14	30.28	진보 안철수로 이동
대전	49.95	49.70	20.3	42.93	23.20	보수 안철수로 이동
울산	59.78	39.78	27.45	38.14	17.33	상동
세종	51.91	47.58	15.24	51.08	21.02	상동
경기	50.43	49.19	20.75	42.08	22.91	상동

강원	61.97	37.53	29.97	34.16	21.75	상동
충북	56.22	43.26	26.32	38.61	21.78	상동
충남	56.66	42.79	24.84	38.62	23.51	상동
전북	13.22	86.25	3.34	64.84	23.76	진보 안철수로 이동
전남	10.00	89.28	2.45	59.87	30.68	진보 안철수로 이동
경북	80.82	18.61	49.62	21.73	14.32	상동
경남	63.12	36.33	37.24	36.73	13.39	상동
제주	50.46	48.95	18.27	45.51	20.90	상동

위 "표"는 20대 젊은이가 정치에 적극적인 관심을 가지게 되고 촛불로부터 유권자의 권리를 지키려는 행동이 심화 되면서 진정성을 잃어버린 보수정당에 실망을 하거나 진정성을 잃어버린 진보정당에 실망한 국민들의 국민의 당 안철수 후보를 지지한 표이다.

안철수 후보는 한나라당(새누리당)지지 세력인 경상권(부산, 대구, 울산,경남북)과 호남권을 제외한 전 지역의 보수정당 지지층이 중도진보, 중도보수를 지향하는 국민의 당 안철수후보로 이동하였음을 보여주며 호남권(광주, 전남북)은 더불어민주당을 탈당한 호남 현역 국회의원을 축으로 안철수 후보를 지지하였음을 보여준다.

	더불어	더불어	국민	비고 단위 %
	문재인	문재인	안철수	
서울	48.02	42.34	22.72	5.68% 안철수로 이동
부산	39.87	38.71	18.62	1.16% 안철수로 이동

대구	19.53	21.76	21.41	문재인 증가
인천	48.04	41.02	23.65	7.02% 안철수로 이동
광주	**91.97**	**61.14**	**30.28**	**30.83% 안철수로 이동**
대전	49.70	42.93	23.20	6.77% 안철수로 이동
울산	39.78	38.14	17.33	1.64% 안철수로 이동
세종	47.58	51.08	21.02	문재인 증가
경기	49.19	42.08	22.91	7.11% 안철수로 이동
강원	37.53	34.16	21.75	3.37% 안철수로 이동
충북	43.26	38.61	21.78	4.65% 안철수로 이동
충남	42.79	38.62	23.51	4.17% 안철수로 이동
전북	**86.25**	**64.84**	**23.76**	**21.41% 안철수로 이동**
전남	**89.28**	**59.87**	**30.68**	**29.41% 안철수로 이동**
경북	18.61	21.73	14.32	문재인 증가
경남	36.33	36.73	13.39	문재인 증가
제주	48.95	45.51	20.90	3.44% 안철수로 이동

위 표는 18대, 19대 선거에서 민주당 지지율 변화이다

안철수는 더불어민주당에서 탈당하여 국민의당으로 28명이 출마하여 23명이 당선된 호남권(광주, 전남북)국회의원 (광주 8석 중 8석 당선. 전북 10석 중 7석 당선, 전남 10석 중 8석 당선)이 있었음도 평균 26% 밖에 잠식하지 못하였고 대부분의 지역에서는 평균 5% 밖에 잠식하지 못한 것을 알수 있다.

자그마한 지지로 중도보수 이니, 중도진보 이니, 아니면 중도라는 명분으로 붕당을 지었지만 결국은 경상권(부산, 대구, 울산, 경남북)의 보수성향 표를 얻었던 것이다.

정치에 중도는 없다.

민주주의 공화국에서의 보수, 진보정당정치는 모든 국민이 법 앞에 평등하고 자유로운 경제활동을 보장하고 약자를 보호하고 국민의 역동성을 보호하는 등 헌법에 명시된 바에 의하여 국민을 아끼고 사랑하는 것이 정치의 정석으로서 중도정당 이니 중도정치는 터무니 없는 발상이다.

차라리

새누리당이 방기했던 진정한보수와 더불어민주당이 방기한 진정한 진보를 구현하는 국민당이 더 나았을 것이다.

정치공학도에 의해 유권자 성향을 분류할 때 사용하는 것이 중도일 수는 있다. 보수가 보수답지 못하고 진보가 진보답지 못하지만 대한민국 주인으로서 누군가에게는 투표를 하여야 하는 유권자를 중도라고 표현하는 것이 맞을 것이다.

미미한 지지세력을 등에 업고 붕당을 지어 진정한 보수와 진정한 진보가 없는 틈새를 파고들어 중도를 표방하며 국민을 혼돈으로 몰아가는 중도정당은 결국 정신적으로 물질적으로 국민을 피곤하게 만드는 것이다.

우한독감(코로나19 또는 코비드 19)으로 세계인이 불안에 떨고 의료 최강국 미국 마저도 수십만명이 목숨을 잃고 수백만명이 직업을 잃었다.

대한민국에서는 문화적 콘텐트를 제공하는 영화관, 연극공연장, 가요무대. 노래방, 컴퓨터놀이방 등 과 아이들의 돌봄서비스 시설 등이 문을 닫아 걸어야 하였고 확진자가 발생하면 관공서, 기업도 문을 닫아야 하였고 재래시장과 소상공 점포, 식당 등이 생활에 어려움을 겪고 있다.

그래도 대한민국 정부는 사회적 거리두기 운동과 효율적인 방역시스템을 가동하여 세계의 귀감이 된 나라이고 방역시스템은 세계 여러나라가 벤치마킹 까지 한 나라이다.

코로나 19로 생활이 곤궁?한 국민을 지원한 나라이다.

이것이 정치이다.

백성을 아끼고 사랑하는 것.

헌법에 따라 다스리는 것,

바로 정치의 정석이다.

남북평화의 펙트는 종전(終戰).

1953년 7월27일 북한의 김일성. 중국의 팽덕회, 미국의 마크클라크가 남일과 해리슨을 배석시켜 지금의 휴전선을 경계로 휴전(休戰)에 동의한 것은 전쟁을 잠시 쉬어 가자는 동의이다.

고로, 대한민국은 언제라도 전쟁을 할수 있다는 이야기로 대한민국을 전쟁 위험국이라 하고 있는 것이다.

전쟁 위험국에서 완전히 벗어나려면 당시 휴전에 서명한 북한, 중국, 미국(유엔대표)이 종전(終戰)에 동의하는 것 이다.

전쟁 당사자국인 남한(문재인대통령), 북한(김정은위원장)이 종전을 하고 싶어도 중국, 미국(유엔대표)이 동의를 하지 않으면 할수 없는 것이다.

미국의 조건

북한이 대한민국과 한마음으로 종전을 바라고 중국은 우리와의 경제적 우호 관계로 동의를 하고 있지만 미국은 북한이 개방되는 것을 경계하고 있어 종전의 키(열쇠)는 미국이 쥐고 있는 것이다.

남과 북이 종전을 하려는 조건은 상호불가침조약으로 경제공동체를 이루려는 것이다.

남북이 경제공동체가 되면 우리가 얻는 것 과 미국, 중국, 러시아가 얻는 것을 살펴보아야 한다.

미국이 얻는 것은 민주진영과 공산진영(중국,러시아)의 경계선이 휴전선에서 압록, 두만강변으로 이동함으로서 동해와 서해바다 까지 마음대로 이용할 수 있어 공산권 도발을 방어하는데 유리함을 얻는다.

중국은 TCR(중국횡단철도)을 신의주-부산으로 연결함으로서 고비용의 선박수송에서 수송시간을 단축하고 막대한 수송비까지 절감할수 있는 기회를 얻게되며, 러시아는 부산-블라디보스톡 간 TKR(한반도종단철도), 블라디보스톡-모스크바 간 TSR(시베리아횡단철도)를 통하여 TSR(유럽철도)로 연결되어 농수축산물 등 에 대한 수익을 증대시킬수 있는 기회를 갖게된다. 특히, 발해지역 등 지옥

한 토지가 있음에도 수송비 문제로 농업을 하지 못하는 애로를 해결할수 있으며 풍부한 수자원도 이와같기 때문이다.

우리가 얻는 것은 미국이나 중국, 러시아가 얻는 것은 새발의 피다.

먼저 , 북한의 경제적 가치는 석유를 비롯한 고품질의 광물을 포함하여 4천조에서 7천조에 이른다는 분석이다.

개발비를 70%로 잡아도 1,500조에서 2조가 되는데 이를 일인당 국민소득으로 환산하면 미국을 능가할지도 모르는 것이 북한의 경제적 가치이다.

정주영 회장이 김일성을 면담할대 "우리는 석유에 둥둥 떠 있다"고 한것은 평양과 함흥 앞바다의 석유 매장량을 말한것이며 캐나다와 북한이 석유를 비롯한 광물채굴에 합의를 한 것을 미국이 견제하여 무산된 사례도 있다. 또한 김정일위원장이 북한 개발을 두고 미국, 중국, 일본과 협상하면서 지분문제로 무산된 바 있다.

북한의 개발은 이데올로기를 넘어 미, 중,일본이 눈독을 들이고, 들였다는 말을 하고 우리가 얻는 이득이 무엇인지 말하고자 한다.

북한을 개발할 경우 경제공동체이며 세계 정상급의 우리 기술, 거리가 가장 가까운 우리가 개발의 중심체가 될수 밖에 없다.

이 경우, 제일먼저 전기를 공급하고, 두 번째 도로를 개설하고, 세번째 공장을 건설하고 네 번째 기계를 설치하고 다섯번째 주택을 건설하고 여섯번째 가전제품과 생활용품 공급하여 하는데 이 모든 것은 우리나라가 하여야 한다는 것이다.

노동자는 현지에서 고용하지만 엔지니어들은 모두 우리나라가 독차지 할 것은 불 보듯 뻔하다. 기계설비 또한 우리나라 몫이 될 것이다. 천여만 세대의 각종 가전제품 또한 우리가 판매 하게 될 것이다.

북한 개발에서 얻는 수익과 더불어 수출기업이 노동력을 얻는 부분도 막대하다.

개성공단과 미국, 중국, 인도, 베트남 등에 나가있는 나갈 수밖에 없는 한국기업을 보면 그 답은 누구든지 알수가 있는데 바로 안전한 노동력을 확보할 수 있는 곳이 북한이다.

북한 노동력은 언어가 통하고 두뇌가 우수하여 다른 나라에 비해 얻는 것이 더욱 많은 장점을 가지고 있기 때문이다.

종전선언과 상호불가침조약으로 경제공동체가 될 때 우리가 얻는 이득, 즉 우리의 자녀와 후손에게 돌아갈 삶의 안정은 담보되었다는 것이다.

북한(김정은위원장)은 무엇을 얻으려 하는가

이 글을 쓰면서 네가 김정은을 만나서 들은 이야기냐? 하면서 만나지도 않은 넘이 아는척 을 한다고 욕하는 분도 계실 것이다.

여러분

여러분의 이웃이 평상시에 오지 않던 이웃이 어느날부터 모르는 사람(빚쟁이)이 그 집을 들락거리자 술 한병 가지고 집에 찾아올

때 왜 찾아 왔는지 감을 잡으실겁니다.

또한, 집 마당에 배나무, 감나무, 밤나무가 있다고 할 때 과일이 떨어지는 소리만으로 어느 과일이 떨어졌는지 감을 잡으실수 있을 것 입니다. 100%는 아니더라도 905는 맞히실수 잇을 것입니다.

북한(김정은위원장)도 마찬가지입니다.

스위스에서 공부하여 자본주의를 배우고 사회주의를 배운 김정은 으로서 아무런 효용가치 없는 금송아지 두고 인민이 굶는다는 것을 방관할 수 없었을 것이다.

금송아지를 팔아 곳간을 채우고 자신의 권력만 유지한다면 자본주의나 사회주의도 문제가 없을 것 이란 생각을 하였을 지도 모른다.

판문점에서 문재인대통령에게 언급한 자구를 분석해 보면 그러한 뉘앙스가 아닌가 하는 것이 필자의 생각이다.

미국(유엔대표)이 망설이는 이유는 무엇인가.

초 강대국 미국, 민주진영을 장악한 미국이 어려워 하는 나라가 이스라엘, 사우디아라비아, 쿠웨이트 임은 누구도 부정하지 않는다. 국방력이 아무리 강하다 하여도 무력으로 세계를 재패하기는 어렵다. 국방력에 경제력까지 장악하여야 되는 입장에서 미국의 도움 없이도 되는 나라. 즉 돈이 많은 나라가 이스라엘, 사우디아라비아, 쿠웨이트이기 때문이다.

금번 G7회의와 유엔총회에서 보셨듯이, 세계시장을 장악한 한국상품의 위력. 국민의 근면성과 도덕성, 우수한 두뇌. 방산산업에서 보여준 전쟁무기 개발능력 과 판매량, 코비드19 대처능력, 그리고 세계 7번째의 중거리탄도미사일 잠수함 발사 등으로 이 조그만 나라 대한민국도 함부로 하지 못하는 나라가 되어가는 상황에서 남북이 경제공동체가 될 경우 짐 로저스의 말처럼 대한민국은 세계 정상급의 나라가 될 때 미국으로서 마음대로 하지 못할 것 이라는 우려 때문에 종전에 거부감을 느끼고 있다고 보는 것이 합리적일 것이다.

군사적 입장에서 호기를 맞은 것이 종전이지만 경제적으로 는 손실이 더 많음으로 비핵화라는, 북한이 들어줄 수 없는 조건을 내거는 것이라는 것이 합리적인 생각이라 할 것이다.

우리나라에게 미사일 탄두 중량과 거리를 완화 시킨 것 도 맥을 같이하는 것이다.

일본을 제치고 우리나라를 아시아 맹주로 격상 시키고 있는것도 그러한 이유라 할 것이다.

유엔이, 유엔 가입국가가 대한민국의 종전에 적극적인 상황에서 미국도 더 이상 자신들의 욕심을 꺽을 수 밖에 없는 상황이 조성되고 있다.

대한민국의 위상이 높아져 선진국으로 인정받는 상황에서 당사자가 합의하면 가능하다는 것이 일반적인 결론이다.

남북이 종전을 선언하고 상호불가침조약을 체결하고 대사를 교환하여 경제공동체 선언을 하면 무리가 없을것이라는 이야기 이다.

종전에 적극적으로 반대하는 나라는 일본 뿐이다.

1945년 8월 15일 대동아전쟁에서 패망하여 모든 삶이 지리멸렬 이던 일본이 아시아 최고국 으로 올라선 것은 앞서 언급 한바와 같이 1950년 6월 15일 부동항을 얻기위한 야욕으로 김일성을 사주하여 발발한 대한민국 전쟁 덕분이었다.

전쟁물자 공급의 지리적 특성이 일본을 살린 것이다.

자금이 풍부하여 여유가 생긴 일본은 기술개발에 몰두하여 가전제품. 자동차를 중심으로 경제대국으로 군림하였지만 그것도 1990년 까지 이었다.

지금은 부채가 240%에 달하고 모든 가전제품시장과 자동차 시장까지 우리나라에 뺏기면서 악전고투하는 것이 30년이다.

1990년 대 부터 30년 동안 과거의 영화에 함몰되어 모든 기술이 정체되었고 30년 동안 곳간에 쌓아둔 곳감만 빼먹고 살아오다가 먹을 곳감이 바다나자 아베노믹스 정책으로 엔화를 찍어내고 빚을 얻어 살림을 하고 다음해에 빚을 갚기위해 또 빚을 내어야 하는 카드깡 국가로 전락하고 있는 것이 일본이다.

기축통화국을 해제하면 외국이 보유하고 있는 그 많은 엔화로 인해 하루아침에 부도가 나는 나라가 일본이다.

전략수출품목은 더 이상 우리나라를 따라오기 어렵기에 일본이 회생하는 길은 세가지 뿐이다.

올림픽으로 수익을 창출하고 아울러 떨어진 신용을 회복하는 것과 한국에서 또다시 전쟁이 일어나는 것 이며 전쟁이 여의치 않을 경우 북한개발에 참여하는 것이다.

코로나 19 펜데믹으로 모든 스포츠경기가 중단되고 선수들의 역량을 유지하기 위하여 무관중으로 경기를 치르는 상황에서 일본국민의 절반 이상이 올림픽 개최를 반대하는 현실을 외면하고 코로나 19 확진자 수를 호도하면서 까지 개최한 올림픽은 먹을거리. 잠자리 등으로 올림픽 역사상 최악이라는 평가를 손에 쥐게 되었고 여기에 광고수익은 올림픽위원회가 챙겨 약 4이조원에 이르는 손실을 입고 말았다.

코로나 핑계로 스가 에게 물려주고 도망친 아베. 세월호 침몰 당시 꽃다운 청춘을 팽개치고 홀로 탈출한 이준석과 다름이 없는 아베.

자신이 저질러 놓은 것을 나 몰라라 하고 도망치는 아베의 정신이 일본의 정신이 아니라고 할수 없는 것이다.

남북평화, 남북 경제공동체, 종전선언. 상호불가침조약은 일본에게는 치명적이 아닐수 없다. 평창동계올림픽 이후 김정은 위원장이 화해의 제스처를 취하면서 문재인대통령과 트럼프대통령이 우호적인 모습을 보이자 쪼르르 미국으로 달려가 트럼프의 골프카 까지 운전해준 아베. 이유는 너무도 간명하다 북한과 대화를 하지 말아 달라는 것 이었다. 일본이 트럼프를 압박하고 한국에서는 나경원이 압박하는 못된짓에서는 어찌 그렇게 일본과 야당이 뽕짝이 잘 맞는지 아이러니 하다.

36년 일제 통치하에서 맺어진 혼혈아 집안인지 의심이 들지 않을 수 없다.

앞서 언급한 바와 같이 북한개발에 미국, 중국, 일본이 협상을 하다가 무산되었다 하였다.

현재 대한민국의 위상으로 미국으로부터 외면 받기 시작한 일본이 설령 북한을 개발한다면 일본은 책상에 앉기는 커녕 아예 초청도 되지 않는 나라로 전락해 버리고 말았다.

앞에서는 yes 하고 뒤돌아서는 no 하는 나라 바로 일본이다.

그런 나라가 남북이 손을 잡는다는 일본은 거의 다시 일어서기 힘든 지경이 뻔 하다면 일본이 할 일은 오직 한가지 뿐이다.

남의 집에 있는 감을 따 먹지 못할 바에는 감을 찔러 상하게 하여 주인도 먹을 수 없게 만드는 것이다.

같이 감을 따고 나누어 먹는 것이 대한민국 국민성이다.

다시한번 말 하건데 종전선언, 상호불가침조약, 경제공동체, 대사교환, 북한개발주도권, 제반시설 건설사업, 생활제품 생산판매로 발생하는 부(富)는 우리의 자녀와 우리의 후손이 행복한 삶을 더욱 공고히 하는 것이다.

윤석열대통령 (2022.5.10. ~ 20대. 국민의힘)

2022년 3월9일 실시한 대통령선거에서 국민의힘 윤석열 후보가 16,394,815 득표하여 803,358 득표한 정의당 심상정 16,147,738 득표한 더불어민주당 이재명을 누르고 당선되었다.

2위 와의 득표차이는 247,079표 이다.

당선된 요인은 노태우대통령 당선과 같이 진보의 분열이고 또 하나는 부동산정책 실패를 물고 늘어진 전략이고 윗 사람에게 쓴소리 할줄아는 용기에 유권자가 감동하였기 때문이라 요약된다.

특별히 한가지를 부여 한다면 언론이 승리한 선거라 하여도 모자람이 없는 선거였다고 생각한다.

윤석열대통령의 평가는 임기 중 이기에 거론 할수도 하여서도 안되지만 전임 대통령의 통치와 비교하여 독자들이 판단하기 바란다.

희미하나마 그러도 약간의 정치의 정석도 보였다.

역대 대통령을 살펴보면서 가장 먼저 느끼는 것은 탐욕의 정치와 다음 세대를 걱정하는 정치가의 자세가 아닌 다음 선거만을 생각하는 정치인의 모습이며 두번째는 정치의 정석이 간혹 보인다.

일본제국주의 침탈당한 대한제국의 독립과 민주주의 대한민국공화국 설립에 일생을 바친 이승만 초대대통령에 대한 존경은 필설로 표현하기 부족한 대통령 이지만 백성을 사랑하고 헌법에 따라 나라를 다스리는 법치로 백성의 행복과 안정적 삶을 지향하여야 하는 대통령의 책무를 망각하고 영구집권의 탐욕으로 세계 정치 역사상 전무후무한 사사오입 개헌과 관권선거. 금전선거를 자행하고 권력지향적 정치인을 양산하고 붕당정치를 제도화 시킨 첫 단추를 잘못 꿴 이승만대통령이다.

새마을 운동과 경제개발계획으로 백성의 삼시세끼 걱정을 해결한 대통령으로서 사후에도 존경받는 박정희대통령. 백성을 사랑하고 백성의 안정적인 삶을 위하여 노력하였다는 평가를 받는 대통령 이다.
다만, 고려시대의 무인정치를 업그레이드 하여 백성이 주인인 민주주의공화국에서 황제의 권위를 18년 간 행사하고 남을 믿지 않는 성격으로 흉탄에 돌아가신 비운의 대통령이다.

박정희 군부정치의 혜택으로 권력과 부의 향연으로 점철된 전두환 노태우대통령.

대통령권력에만 집착하여 혼까지 팔아버린 김영삼대통령

평생을 민주주의에 몸과 마음을 담은 대통령으로서 대한민국 경제의 근간인 남북평화에 매진하여 김영삼이 탕진한 곳간을 채운 대통령이지만 자식농사의 실패, 호남정치의 외도로 평생의 노력이 반감한 김대중대통령

이상은 맞지만 현실에 부응하지 못한 노무현대통령. 백성의 두걸음 앞에 서서 한걸음씩 인도하는것 이 진정한 혁신 또는 개혁이라 함에 있어 현실에 부응하지 못하였다는 평가를 들을 수 밖에 없다.
이는 중학생에게 고등학교를 건너띄고 대학 수업을 이해하지 못한다 질타하는 대학교수와 같다고 할것이다.
그러나 그 주장은 서서히 신빙성을 찾아가고 있는데 기 이유는 국민의 정치 수준이 그만큼 향상되었다는 반증이다.
국민의 정치 이해도와 민주주의는 비례한다는 논조와 맥을 같이 한다 할것이다.
현실에 맞지 않는 미래정치의 이상향으로 4대개혁에 실패하여 처참한 대통령선거를 초래 하였지만 국민의 행복과 안정적 삶을 위하여는 할말을 하는 대통령으로 기억되어 역대 대통령 지지도에서 상위를 달리는 노무현 대통령

측근들의 정치와 최순실의 국정농단으로 파면당한 박근혜대통령으로 인해 이게 나라냐 며 잘못된 정치를 바로잡아 달라는 촛불이

믿는 정당이 아닌 믿을 수밖에 없는 더불어민주당에 힘을 실어주어 당선된 대통령이 촛불의 요구를 다하지 못하여 정권재창출에 실패한 문재인 대통령.

10대 경제부국, 5대 국방강국을 이루고 일본에 의지하던 소재,부품,장비를 국산화하고 , 중소기업과 국민의 역동성을 보장해준 대통령. 국민의 소망인 남북평화을 실현하기 위하여 남북정상회담을 개최하고 종전노력을 아끼지 않았던 대통령 이었다.

역대대통령의 통치를 조명하면서 다시 한번 느끼는 것은 국민의 행복과 안정적인 삶에 대한 흔적은 희미하게 투영될 뿐이다.

부모의 마음으로 형제의 마음으로 자식의 마음으로 국민을 사랑하고 법에 따라 나라를 다스려 국민의 행복과 안정적인 삶을 실현하는 정치의 정석은 역대 대통령의 통치에서 찾아보기 힘들엇고. 국민의 고통을 가슴에 새겨 제도권에 들어가 현실에 맞지않는 법을 개정하거나. 제정하거나. 폐지하는 사명감 또한 없었고 다음 세대만을 생각하는 정치가 또한 보이지 않았다.

대통령을 보좌하는 공무원은 여전히 나라의 주인 인 국민위에 군립하고 공정한 법집행은 유전무죄 무전유죄, 유권무죄 무권유죄의 법칙이 만연되고 고금무죄 저금유죄의 변호사 만행은 고착화 되어 버렸다.

부를 축적한 대기업과 노동력 없이 부를 축적한 부자들은 극빈한 서민에게 빨대를 꼽아 부익부빈익빈 현상이 심화되었다.

노동조합은 잘못 꿰어진 노동조합법(근로기준법)으로 사선노후의 덕목을 외면하여 글로벌시장진출의 걸림돌리 되고 있으며 사주는 노선사후의 덕목을 외면하여 노동력을 착취하고 있다.

만년지대계인 교육은 대학이 곧 중산층이라는 그릇된 인식을 심어주어 교육은 돈벌이 수단으로 전락해 버리고 말았으며 적성에 따라야 하는 대학교육은 스펙주의로 변질되어 청년실업을 야기하였고 이로 인하여 결혼과 출산을 기피하여 국가원동력의 급격히게 저하 하고 있다.

국민의 행복과 안정적인 삶은 진정한 정치로 연결됨을 모르는 이는 없다.

대통령을 비롯한 단체장과 대통령을 보좌하는 1,300,000의 공무원. 국회의원을 비롯한 광역. 시군 의회의원이 다음 세대만을 생각하는 정치가로서 국민의 공복이라는 자세를 견지할때 비로서 100점 국가 100점 국민. 100점 정치가 되는것이고 이로 인해 우리와 우리의 아들딸과 우리의 손자손녀들이 행복하고 안정적인 삶을 사는 길이다.

이제

정치의 정석을 사명으로 여기고 나라를 통치하였던 2,700여년의 정치를 논어, 대학과 왕조정치의 지침서인 대학연의와 패도정치의 지침서의 정관정요를 조명해 보고 백성이 요구 하였던 통치자의 자질에 대하여 논하는 자리를 마련하여 나라의 주인인 유권자의 책무를 상기해 보고자 한다.

제 4 장

정치의 정석은 2,700년 전 에도 존재하였다.

정치의 정석은 2,700년 전 에 존재하였다.

정치의 사전적 의미는 통치자나 정치가(政治家)가 사회 구성원들의 다양한 이해관계를 조정하거나 통제하고 국가의 정책과 목적을 실현시키는 일(行爲)이라 정의 하고 있음에서 이글을 시작한다.

정치 (나라를 다스리는) 는 나라가 탄생하고 나서 생겨난 것이 아니라 지구상에 인간이 태어나고 개체수가 증가하면서 씨족(氏族)과 부족(部族)형태로 집단생활을 할 때부터 자연적으로 생성된 필요불가결 한 행위이다.
굳이 다른 말로 표현하면 사공이 많아 배가 산으로 가지 않도록하고 단체의 안위를 지키기 위한 필수적 행위라 할것이다.

한 가족이 번성하여 씨족집단이 생겨나고 씨족집단이 번성하여 부족집단이 생기면서 부족들은 자신들의 안정적인 삶을 영위하기 위하여 주거생활환경이 좋은 지역, 산짐승이나 들짐승이 풍부한 지역, 최적의 농경지역을 다른 씨, 부족집단보다 먼저 선점 하는 것 이 가장 큰 사업이었고 다음은 최적의 조건을 갖춘 지역을 다른 부족으로 지키는 것이고 다음은 부족을 하나로 뭉치는 것이다.

이때 가장 중요한것 이 영토와 부족원의 생명과 생활을 지키는 (다스리는) 대표를 세우는 것이다 (族長族治)
족장은 의,식,주의 적임자 사냥과 농사일의 적임자. 영토수호의 적임자. 의료 적임자. 도덕 적임자를 두어 부족을 다스려 왔다. 지금으로 따지만 행정. 사법부이다.

부족원 들은 자신들을 위한 족장의 필요성은 본능에서 나온것 이다. 집단을 다스리는 것을 족치(族治)라 한다면 자의나 타의에 의해 부족이 결합되어 국가로 발전하면서 족장의 지위는 왕이나 황제가 되었고 정치(政治)라 바꾸어 부르는 것 뿐이다.

성(姓)이 다른 사람을 단합하여 나라가 형성되고 대표자를 왕이나 황제라 불렀어도 부족원의 안정적인 삶의 요구를 실현하기 위하여 부족원을 아끼고 사랑하여 부족원의 요구를 충족시키는 족치의 기본은 나라의 대표가 된 왕이나 황제의 나라를 다스리는 기본이념 또한 족치의 기본을 벗어나지 않았다. 그것이 바로 족치의 정석, 정치의 정석이다.

수천 년이 흘렀어도 부족원이 바라는 것이나 민주주의 국가의 국민이 바라는 것은 오직 행복과 안정적인 삶 한가지 이고 이를 실현하기 위하여 국민을 아끼고 사랑하면서 율(헌법)대로 나라를 다스리는 정치의 정석은 변하지 않았고 변할 수도 없는것이다.

왕조국가의 백성이나 민주주의 국가에서의 국민이 대표자에게 요하는것은 행복과 안정적인 삶이기에 정치는 필요불가결한 생활필수품이다. 더욱이 민주주의 국가에서의 정치는 기피의 대상이 아니라 국가의 주인인 국민이 대표자에게 과제를 요구하고 명령하는 것 으로 우리의 행복과 안정적 삶을 위하여 없어서는 안될 필요불가결한 생활필수품이다. 종교인이 항시 곁에 두고 실천하는 기독교의 바이블과 같이 불교인이 숭앙하여 곁에 두는 법전처럼 항상 국민가슴에 품고 있어야 하는것 이 정치이다.

왕조국가에서 왕(황제)에게 요구한 대표자의 자질(資質)

가정의 리더가 올 곳아야 가정이 화목하게 잘산다는 것을 모르는 이는 없다

기업 또한 리더가 올 곳아야 사원도 행복하게 일하고 잘 살며 성공가도를 달리는 것을 부정하는 사람은 없다

더구나 나라 라는 측면에서는 대통령과 대통령을 보좌하는 공무원과 의회의원이 올 곳아야 국민이 행복하게 잘 살 수 있다는것 은 백번, 천번, 아니 백만 번을 강조하여도 부족함이 없다.

온 강토와 백성이 왕이나 황제의 소유물 이엇던 왕조국가의 백성도 자신들의 행복하고 안정적 삶을 위하여 왕이나 황제의 자질에 대하여 고민하고 왕이나 황제 자신도 자신의 사직을 지키는 유일한 길은 백성의 행복과 안정적인 삶을 보장하는 것임을 잘 알고 있었다. 이는 공자가 논어와 대학, 대학연의를 통해 말씀하신 통치자의 자질에 대하여 살펴보고 대한민국 국민이 행복하고 안정적인 삶을 영위하게 할 대통령은 누구를 어떻게 선택하여야 하는지에 대하여 논하고자 한다.

온 강토와 백성이 왕이나 황제의 소유이고 백성의 생사여탈권 까지 가진 절대 권력의 왕이나 황제가 다스렸던 왕조국가 마저도 나라의 중심이 백성임을 간과하지 않았다는 점에 시작한다. .

백성의 행복과 먹고사는 문제를 안정시키는 정치를 하게되면 즐겁

게 세금을 납부하고. 전쟁에 자발적으로 참여하여 영토와 사직을 보존하는데 주저하지 않는다.

2,700년 전 왕이나 황제의 덕목(德目)과 자질 그리고 통치방법을 제시하여 태자(太子)나 세자(世子)의 경연자료로 사용하여 왔던 공자(孔子)의 논어(論語)와 대학(大學)을 통해 이를 살펴보고자 한다.

또 하나는

송(宋)나라 진덕수(眞德洙)가 이 말씀을 집대성한 왕조정치의 지침서로 불리는 대학연의(大學衍義)와 패도정치의 지침서인 당태종(唐太宗)의 성군정치를 집대성한 정관정요(貞觀政要)를 참고하엿다.

특히

대학연의는 고려말 이성계가 북방군 진영에서 이책을 공부한 것을 왕이 되려 하였다 하여 반역자로 몰릴 뻔 한 것은 유명한 일화이며 조선을 건국한 후, 왕 과 세자들의 강연 자료로 사용한 정과정요와 더불어 세계 2대 기서로 불리는 책이다.

아울러

세상의 괴로움과 즐거움은 선거에 달려있다는 최한기의 천하우락재선거(天下憂樂在選擧). 우리와 우리의 아들딸과 우리의 손자손녀들의 행복이 달려있는것 이 선거라는 점도 잊지 말았으면 한다.

무소불위의 권력으로 나라를 다스리던 BC 2,700년전 왕조국에 살던 공자(孔子)께서는 나라를 다스리려는 사람이 반드시 갖추어야 덕목을 논어와 대학을 통하여 말씀하셨는데

첫째, 명덕(明德)하고

둘째, 친민(親民)하며

셋째, 지어지선(至於至善)하여야 한다 라 하시었다.

명덕(明德)

몸과 마음이 맑아야 된다는 것 으로 사적(私的)이나 공적(公的)으로 모두 맑아야 된다고 강조한다.

몸과 마음이 깨끗한 사람이 가족을 사랑하듯이 이웃과 백성을 사랑할 수 있고 탐욕을 추구하지 않기 때문이다.

몸과 마음이 맑은 사람은 선천적(先天的)으로 타고나기도 하고 태어나서는 가정교육과 학교교육으로 완성되기에 올바른 부모와 올바른 스승을 모신 자이다.

부모에게 효도하고, 반려자(伴侶者)를 이해하고 사랑하며, 가족을 내몸 같이 아끼고 사랑하듯이 이웃을 아끼고 사랑하는 마음을 가질 때 비로서 나라를 다스리는 자질을 있음을 말하며 올바른 스승의 교육으로 자격을 갖추는 것 이라 하시었다.

이러하지 못한 사람이 당선되면 다음 선거만을 생각하는, 또는 괴로움을 주는 정치인(政治人)으로 전락하여 헌법을 방기하는 것은 물론 정치의 정석까지 외면하고 오직 권력을 이용하여 부를 축적하기에 여념이 없게 되고 구민의 어른으로 칭송받는 것을 즐기고 망발을 일삼으며 다음 공천에 혈안이 되어 옳은말은 커녕 당대표와 지도부의 예스맨으로 전락하여 지역구민의 공분을 사고 만다

친민(親民)

백성과 친(親)하게 지내야 한다는 것이다.

백성과 친하게 지냄은 명덕의 조건과 같이 자신이 자신의 부모에게 효도하고 반려자를 이해하며 사랑하고, 자녀를 내몸같이 아끼고 사랑하는 사람이 이웃을 배려(配慮)하고 사랑할 줄 아는 사람이 백성과 친해 질 수 있다.

부모에게 효도할 줄 모르고 형제 간 화목하지 못하고 가정이 평탄하지 못하면 근본적으로 이웃과 백성과 친해지는 것은 불가능 하기에 이를 경계하여야 한다.

친민을 이루지 못하는 사람이 나라를 다스리면(政治) 이웃과 백성, 그리고 다음 세대를 생각하지 않으며 구민에게 아픔과 고민만을 안겨주고 자신의 영달(榮達)과 부(富)만을 탐하여 구민은 피곤하다 못해 불행해 질 수 밖에 없다.

이러한 사람은 후보자 신분일 때 쉽게 파악할 수 있다.

친민의 중요성을 감안하여 친민 인 척 허리를 굽히고 각종 미사여구로 친민 인 척 하며 물질을 이용하여 친민 인 척 하는데, 이러한 후보자가 당선되어 정치를 하게 되면 국민을 불행케 하고 피곤하게 한 것을 많이 보아왔다.

이러한 부류의 후보자에게 나타나는 공통적인 네 가지 현상이 나타난다.

첫째

꼭두새벽부터 거리로 나와 표(票) 달라며 허리 굽히기 운동을 하였던 사람이 당선되고 나면 허리에 깁스를 했는지 허리가 구부러지지 않는다.

둘째

표(票) 달라며 어깨를 모으고 손을 가지런히 했던 사람이 당선되고 나면 매일 헬스장에 다니는지 어깨가 떡 벌어져 있고 한손은 동상(凍傷)에 걸렸는지 주머니에 있다.

셋째

표(票) 얻기 위하여 존대 말 과 온갖 미사여구의 말을 했던 사람이 당선되고 나면 무엇을 잘 못 먹었는지 혀가 짧아져 있고 초등학교때 배운 존대 말도 할 줄 모른다.

넷째

바쁜 사람 붙잡고 표(票) 달라고 오랫동안 친학척 하며 말을 건네던 사람이 당선되고 나면 무엇이 바쁜지 도망 가듯이 1분(分) 이내에 자리를 뜬다.

당선 되고나면 네 가지가(싸가지) 없어져 버리는 것이다.

지어지선(至於至善)

바람직함을 오랫동안 간직 하여야 한다.

초심(初審)을 오랫동안 유지하여야 된다는 것이다.

방송토론회와 선거공보를 통하여 공공(公共)에 대한 약속(約束)인 공약(公約)을 말하며 실천하겠다 말 한다.

그렇게 초심을 지어지선 하겠다며 대국민 약속을 하였음에도 공약을 지어지선 하지 않고 공약(公約)이 공약(空約)이 되는, 선거만을 생각하는 정치인(政治人)을 우리는 무수히 보아왔다.

초심을 지어지선 하지 않는 사람이 당선되어 나라를 다스리면(政治) 불행을 넘어 분노의 세월을 감당하는것 은 국민의 몫이다.

나라의 대표자는 명덕이 몸에 베어 있고 초심을 오랫동안 지어지선하고 친민을 이루는 자세를 겸비한 사람이어야 한다는 것을 말씀하시고 있는 것 이다.

또한

예(禮)를 좋아하여 "예를 바탕으로 나라를 바르게 다스려야 한다"는 상호예즉(上好禮則)을 할 수 있는 사람이어야 한다고 말씀하고 계신다.

이러한 사람이 당선되어 나라를 다스리면 북극성(北極星)이 한곳에 가만히 있어도 모든 별(星)이 북극성을 향하듯이 백성은 저절로 따라오게 되고 아울러 기강(紀綱)도 스스로 세워진다는 상호예즉민역사야(上好禮則民易使也)이지만 그러지 못한 사람이 당선되면 자신의 그릇된 사고나 정책을 합리화 시키기에 급급하여 국민과 정당까지 분열시키고 만다.

사물의 이치를 공부하여(格物) 이치를 알고(致知) 몸과 뜻이 바르고 진실되어(誠意) 바른 마음으로(正心) 자신을 수양하여(修身) 집안을 다스려(齊家) 나라를 다스리면(治國) 세상이 편안해진다(平天下) 하여 格物致知 誠意正心 修身齊家治國平天下에 이르게 된다 하였다.

아울러

인의예지(仁義禮智)를 갖추어야 한다고 하시고 있다.

사람이 어질어야 하고 상대를 불쌍 해 하는 마음을 가져야 하며 (仁) 자신의 부끄러움을 알고 상대의 잘못에 분노할 줄 아는 마음을 가져야 하며(義) 남에게 사양(辭讓)하고 공덕(功德)을 넘겨주려는 마음을 가져야 하며(禮) 사람과 사람의 일을 알고 옳고 그름을 제대로 가릴줄 아는 안목을 가져야 된다(智)라고 말씀 하셨다.

대학연의(大學衍義)에서 말씀 하시기를 이웃을 불쌍해 하는 마음 (心)이 없으면 인간(人間)이라 할 수 없고, 자신의 잘못을 부끄러워 하지 않거나 남의 잘못에 대해 분노하지 않는 사람은 인간이라 할 수 없고, 사양하고 남에게 공을 넘겨주지 않는 사람은 인간이라 할 수 없고, 옳고 그름을 제대로 파악하지 못하면 이 또한 인간이라 할수 없다 라 하신 것은 대표자의 최고의 덕목이 인간의 본성이기 때문이라 하셨다.

또한

혜이불비(惠而不費)

백성에게 은혜를 주되 허비하면 안된다

노이불원(勞而不怨)

백성에게 일을 하도록 하되 원망(怨望)을 들어서면 안된다,

욕이불탐(欲而不貪)

덕(德)을 세우는 것을 우선하고 탐욕하지 말아야 한다

태이불교(泰而不驕)

학식과 덕을 높이면서 교만하지 말아야 된다

위이불맹(威而不猛)

위엄(威嚴)은 가지되 사납게 굴지 말아야 된다

라 하시었다

논어(論語)에서는 왕이나 황제가 항상 머리와 가슴에 담아 행하여
할 9가지 덕목으로
사물을 정확히 보아야 한다는 시사명(視思明)
총명하게 사리를 분별하여야 한다는 청사총(聽思聰)
온화한 표정으로 남(相對)을 대하여야 한다는 색사온(色思溫)
성실하고 진실되게 말하여야 한다는 모사공(貌思恭)
신중하게 일을 처리하여야 한다는 사사경(事思敬)
모르거나 의아하면 즉시 물어보아야 한다는 의사문(疑思問)
화가 나도 재난을 생각하여 참아야 한다는 분사난(忿思難)
이익을 멀리하고 도(道)를 따라야 한다는 견득사의(見得思義)
아홉가지 를 말씀 하시고 있다.

오직 백성의 안정적인 삶으로 연결되고 이를 이루는 것을 목적으
로 하고 있는 것이다.
그러나
공자(孔子)의 말씀이던 정치의 신(神)이 말씀을 하셔도 이런 조건
을 모두 갖춘 대표자를 선택하는 것은 거의 불가능하다.
인간의 속성상 이 모든 것을 갖출 수 없기에 논어(論語)에서는 "이
를 모두 충족할 수 있는 인간이 없기에 중용(中庸)의 도(道)를 실
천하는 자를 최우선으로 하여야 한다" 라고 말씀 하시고 계시고
있다.
과(過) 하지도 않고 부족함도 없이 한쪽으로 치우침이 없는 떳떳한

사람을 말하고 있다.

이마저도 가능 하지 않다면 "뜻이 높은 광자(狂者)나 무식하고 고집스런 견자(狷者)중 한 사람을 선택하라" 하였다.

광자는 항상 진취적이면서 뜻이 높은 사람이고 견자는 항상 일을 우선하면서 나쁜 짓 은 하지 않는 사람으로 두사람 모두 중용의 도를 실천할 수 있는 자 이기에 광자나 견자 중 한 사람을 선택하는 차선책(次善策)도 최선(最善)이라 하였다.

중용(中庸)에서도

본성은 하늘이 명(明)한 것 이고. 본성을 따르는 것은 도리(道)이며 도리를 닦는 것(修)을 몸에 읽혔기에(敎) 에 항상 진취적인 광자는 항상 일에 미쳐 있는 견자가 될 수 없고 항상 일에 미쳐 있는 견자 는 항상 진취적인 광자가 될 수 없기에 둘을 다 가진 자는 없음으로 어떤 사람을 선택하여도 대표자로서 손색이 없다 라 하였다.

논어(論語)에서 는

인도주의자(人道主義者)인 인자(仁者)와 합리주의자(合理主義者)인 지자(知者)중에서 선택하라 하시면서 인자의 특징은 조직에서 수직적인 상하관계를 중시 하면서 물질과 경쟁에 집착하지 않으며 남(相對)의 잘 잘못에 연연하지 않으며 중후하고 후덕하여 혼자 있기를 즐기고 가늘고 길게 사는 유형이며, 지자의 특징은 조직에서 수평적인 상하관계를 중시하면서 물질과 경쟁에 집착하기도 하며 남(相對)의 잘 잘못을 확실히 경계하고 술과 음식을 좋아하여 호방하고 지식습득에 열정적이어서 사리에 통달하고 벗을 사귀는데 막힘이 없으며 짧고 굵게 사는 유형으로 이 또한 인자의 특성과 지자의 특성을 모두 가지지 못하는 것이 인간의 본성으로 둘을 다 가진 자 를 얻는다는 것은 하늘의 별을 따기보다 어려워 둘 중 하나를 선택하여도 차선책으로 손색이 없다 하였다. 인자나 지자나 모두 백성을 아끼고 사랑하는 기본을 타고 났고, 좋은 스승님을 통해 완성되었기 때문이라 하였다.

설령

명덕(明德)하고 , 친민(親民)하고, 지어지선(至於至善)하고

인의예지(仁義禮智) 하고

상호예즉민역사야(上好禮則上好禮則 民易使也) 하고

혜이불비(惠而不費) 노이불원(勞而不怨) 욕이불탐(欲而不貪)

태이불교(泰而不驕) 위이불맹(威而不猛)하고

시사명(視思明) , 청사총(聽思聰), 색사온(色思溫),

모사공(貌思恭) , 언사충(言思忠), 사사경(事思敬),

의사문(疑思問), 분사난(忿思難), 견득사의(見得思義) 하여도

중용(中庸)의 도(道)를 실천하는 자 이어도

광자(狂者) 나 견자(狷者)라 하여도

인자(仁者)와 지자(知者)라 할지라도

나라를 다스리는(政治) 왕(王)이나 황제(皇帝)가 다스리는 방법(政治의 定石)을 게을리 하면 역사(歷史)가 말해주듯 백성은 피폐해지고 곤궁해져 사직까지 무너지고 마는 것 이다.

온 세상천지와 온 백성이 왕이나 황제의 소유였던 왕조국가에서도

덕(德)과 예(禮)로 다스려 백성의 안정적인 삶(安民)을 실현하는 성군(聖君)의 정치(政治)에서도 정치의 정석을 교과서로 삼아 사직을 보존하여 왔으며 정치의 정석을 외면하고 힘(力)으로 나라를 다스린 혼군(昏君)이나 폭군(暴君)은 사직을 지탱하지 못하였음을 역사를 통해서 우리에게 보여주고 있다.

패도정치의 철학서로 불리는 정관정요(또는 貞觀의治)에서도 당태종이 말하길 "백성의 행복은 오직 성군의 정치로 부터 나온다" 하였다.

백성을 아끼고 사랑하는 성군의 정치만이 사직을 유지하는 최선책이었기 때문이다.

성군이란

마음을 활짝 열어 만인을 포용하고. 귀를 활짝 열어 백성의 작으마한 소리까지 듣고, 눈을 크게 뜨고 사물을 제대로 보고 백성을 아끼고 사랑하는 사람이라 말하고 있다

귀(耳)와 입(口)를 위에 두고 아래에 임금 왕(王)을 둔 이유이다.

북극성이 그 자리에 가만히 있어도 주변의 모든 별(星)들이 스스로 북극성으로 향하듯, 위정이덕(爲政以德) 비여북진(譬如北辰) 거기서(居其所)이든 이중성(而衆星)이 공지(共之)를 하도록 하는 것이 성군의 정치이다.

또한

법률(律)을 제정하여 법대로 다스리면(法治) 백성은 법률에 정한 형벌로 질서가 자연히 유지되고 백성이 법을 어길 경우라 하더라도 정해진 형벌을 받는 것을 수치(羞恥)로 여기지 않는다 하여 도

지이정(道之以政)하고 제지이형(齊之以形)이면 민면이무치(民免而無恥)한다는 것이 성군의 정치이다.

정해진 법대로 다스리면(法治) 어느 누구도 불만을 가지지 않는다는 것 이다.

또한

덕으로 이끌고 예로서 나라를 다스려(政治) 질서를 유지 시키면 백성은 부정을 수치로 알고 착하게 된다는 도지이덕(道之以德)하고 제지이례(齊之以禮)이면 유치차격(有恥且格)의 의미도 성군의 정치를 말함이다.

법을 온 백성에게 공명정대하게 집행하여 불편부당한 일을 겪지 않도록 하여야 하는 것 도 성군의 정치이다.

인사(人事)가 만사(萬事) 또는 지인(知人)은 안민(安民)이라 하였다.
부족사회에서도 왕조국가에서도 지금의 국방부, 사법부, 행정부, 교육부등 관계 부처가 있어 많은 공무원이 필요함으로 인재를 발탁하여 적재적소에 배치하는 것이 만인을 편안토록 하는 것(安民)으로 이 또한 성군의 정치이다.

유능한 사람이 가까이 오지 않으면 문덕을 닦아서 모셔오고 모신 다음에는 편안하게 하여주라는 원인(遠人)이 불복즉수문덕이래지(不服則修文德以來之)하고 기래지즉안지(旣來之則安之)하는 것 도 성군의 정치이다.

서경(書經)에서 말씀하시기를 인재를 등용하기에 앞서
관이율(寬而栗 너그러우면서 엄정하고),

유이립(柔而立 부드러우면서 꼿꼿하고),

원이공(愿而恭) 삼가면서 공손하고),

난이경(亂而敬 능력이 뛰어나도 삼가는 마음이 있고),

요이의(撓而毅 순하면서 과단성이 있고),

직이온(直而溫 곧으면서 온화하고),

간이렴(簡而廉 털털하면서 예민하고),

강이색(剛而塞 굳세면서 독실하고),

강이의(彊而義 힘이 세면서도 의리에 맞게 행동하고), 의

아홉 가지 덕을 갖추고 오랫동안 지속(至於至善)할 사람을 등용하

는 것 도 성군의 정치이다.

인재를 등용하여 적재적소에 배치한 다음으로 할 일에 대하여 대

학연의(大學衍義)에서 맑은사람(깨끗한)을 위에 두면 아래가 모두

맑아(깨끗해)진다는 거직조제왕(擧直措諸枉)능사왕자직(能使枉者直)

을 강조 하셨다.

조직을 경영하는 사람이라면 금과옥조(金科玉條)로 삼아야 되는 말

씀이다.

논어(論語)에서는 윗 사람이 바르면(直) 명령(命令)을 하지 않아도

따르고 행(行)하며 바르지 못하면 명령(命令)을 내려도 따르지 않

는다 하여 기신(其身)이 정(正)이면 불영이행(不令而行)하고 기신

(其身)이 부정(不正)이면 수령불종(雖令不從)과 맥락을 같이하고 있

다.

만약

거직조제왕 능사왕자직을 방기하여 정언용위(靜言庸違 관직에 없

을 때 는 말을 잘 하지만 등용하면 도리에 어긋나는 행동을 하는) 한 사람을 등용할 경우 이 사람은 윗 사람을 말을 듣지 않고 감투의 무게만 재어 결국 안민(安民)을 저해(沮害)하고 사직(社稷)까지 위태롭게 한다하여 이를 경계하라 하였다.

특히,

인간의 속성상 아홉 가지를 모두 충족하는 사람은 없음으로 그 자의 부족함을 윗사람과 왕이 보완(補完)하는 것도 성군의 정치라 하였다.

만약,

왕이나 인사 책임자가 일시적인 충동이나 감언이설 또는 특별하게 아홉가지 중 둘,셋만 보고 등용하지 말아야 하며 아홉중 네다섯이 부족하다 하여 버리는 것은 날이 추워진 후에야 잣나무와 소나무가 푸른 것을 알고 후회한다 는 세한연후(歲寒然後)에 지송백지후조야(知松柏之後彫也)와 같다며 이를 경계하는 것 도 성군의 정치라 하였다.

온 강토와 백성이 왕이나 황제의 소유이고 백성의 생사여탈권을 쥐고 있던 왕조국가의 정치도 백성을 사랑하고 안정적인 삶을 보장하고 규정한 율(법)에 따라 보호하는 성군의 정치가 바로 정치의 정석임을 잘 알고 있었고 관료(공무원)를 등용함에 있어서 인사는 안민이라는 점을 주목한것을 보면서 세기 최고의 법전인 바이마르 헌법을 기초하여 제정한 세계 몇 안되는 법치국가 자유민주주의 대한민국 공화국의 정치 현실이 너무도 부끄럽고 수치스러울 수 없다.

청 하건데

올바른 정치는 우리와 우리의 아들딸과 우리의 손자손녀들의 행복하고 안정적인 삶을 사는것이냐 불행하게 사느냐를 결정하는것 이바로 투표임을 잊지 말자.

누가, 우리의 고통을 이해하여 가슴에 담아 잘못된 법을 개정하고, 제정하고 폐지하는데 정성을 가지는 사람인지를 구별하자.

정당, 혈연,학연,지연에 따른 감성적 투표를 지양하자.

세상의 괴로움과 즐거움은 선거에 달려있다는 천하우락우락재선거(天下憂樂在選擧)를 잊지말자.

우리가 100점 유권자(국민)일때 다음선거만을 생각하고 사욕과 권력의 탐욕에 찌는 정치인은 자연히 사라진다는 것을

제 5 장

국민이 정치를 걱정하는 대한민국

국민이 정치를 걱정하는 대한민국

반드시 지켜내어야 하고, 지켜져야 하는것, 이책을 쓰게된 이유이다.

우리는 우리의 아들딸과 손자손녀들이 밤잠을 설쳐가며 누구의 도움없이 맨땅에 헤딩하듯 최고기술을 연구개발한것 을 애국의 사명감을 가진 기업이 이들의 역동성과 기술에 투자하여 생산한 세계 일류 제품으로 세계시장을 석권하여 일인당 국민소득 32,000달러. 수출 세계 6위. 외환보유 세계 9위, 10대 경제대국, 세계 5위의 국방강국인 대한민국에 살면서 그 고마음을 모르면 어찌 대한민국 국민이라 할수 있는가

이를 살펴보면, 반도체시장 2위, 냉장고시장 1~2위 세탁기시장 1~2위, TV시장 1~2위, 핸드폰시장 1~2위, 무선통신시장 1~2위, 가솔린자동차 4~5위, 전기자동차 3~4위, 수소 자동차 2~3위, 조선(선박) 1~2위, 철강 1~2위. 이차전지시장 1~2위 등 총 70여개 품목이 세계시장을 점유하고

더구나,

미국 과 독일에 의존했던 전쟁무기(방산산업)는 중동국가를 넘어 종주국 미국으로 까지 수출하는 국방기술강국이다.

이제 우리 유권자가 하여야 사명은 우리의 아들딸이고 우리의 형제인 젊은이에 감사하고 이들의 역동성을 보장해 주신 대한민국 정부와 애국을 사명으로 아는 기업에 진심으로 감사하는 것이다. 우리는 우리의 할아버님 할머님이 우리의 부모님을 위하여 살으셨

듯이 우리의 부모님이 우리를 위해 살아 오셨듯이 우리도 우리의 아들딸을 위하여 살아야 하고 부모님과 할아버님 할머님에게 감사하는 마음으로 대한민국 정부와 우리의 아들딸, 손자손녀와 애국기업에 감사하여야 한다.

그 방법은 정치는 우리의 행복과 안정적 삶과 직결되는점을 가슴에 새기고 정당, 혈연, 학연, 지연에 의한 감성투표를 지양하고 가슴을 활짝열고 눈을 크게 뜨고 다음 선거만을 생각하는 정치인이 아니라 다음 세대만을 생각하는 정치가(政治家). 우리에게 행복을 주는 정치가(政治家). 우리가 정치를 걱정하지 않게 할 정치가(政治家)에게 투표하는 유권자가 되어야 한다.

우리가 이게 나라냐 절규하면서 정치가(政治家)를 요구하는것 은 우리와 우리의 자녀와 우리 후손의 행복과 안정적인 삶을 실현하여 달라는 것, 아끼고 사랑하는 마음으로 헌법에 따라 대한민국을 다스려 달라는 단 한가지 이다.

명덕(明德)하고 친민(親民)하고 지어지선(至於至善)하고 인의예지(仁義禮智)와 덕(德)과 예(禮)로 대한민국을 다스리지 않는다 해도 후회하지 않는다.
광자나 견자중 하나, 인자와 지자 중 하나가 아니어도 후회하지 않는다.
왜냐하면 70년의 정치 역정을 나타났듯이 자본주의 사회에서 이러한 인물을 찾기는 하늘의 별따기이기 때문이다.

최소한,

사랑이 무엇인지를 아는 사람, 이웃에게 해악을 끼친 범죄를 저지르지 않은 사람. 인의예지 중 최소한 자신의 부끄러움을 알고 상대의 잘못에 분노할 줄 아는 의(義)와 옳고 그름을 제대로 가리는 지(智)를 아는 사람. 다 행하지는 못하여도 헌법이라도 달달 외우는 사람. 10대 경제부국, 5대 국방강국을 유지, 발전시킬수 사람이면 만족한다.

그는 우리가 정치를 걱정하는 사태는 조성하지 않을것이라는 확신이 있기 때문이다.

정치는 썩어도 대한민국은 망하지 않는 이유

우리는 한번쯤은 우리의 행복은 우리(有權者) 손에 달려있다는 것과 세상의 괴로움과 즐거움은 선거에 달려있다는 천하우락재선거를 모르거나 외면한 상태에서 정당, 혈연, 학연, 지연과 여론에 따른 감성투표를 한번쯤은 하여왔다.

또한 신문과 방송에 의존하여 후보를 평가하여 투표도 하여왔다.

여기에 압력에 굴복하여 투표도 하였다

지역주의에 함몰된 묻지도 따지지도 않는 투표도 하여왔다.

그리고 나서

내가 투표한 자들이 잘못하면 입을 닫았고 다른 후보에게 투표한 사람을 무시하기도 하여왔다.

그 결과 무소불위의 권력에 힘을 실어준 빌미를 제공하여 다음 선거만을 생각하는 정치인의 정치를 보며 피곤한 삶을 살아온것 이

사실이다.

이토록 그릇된 선거문화에 젖어 다음 선거만을 생각하는 정치인의 정치로 30점의 혹독한 평가를 받는 정치판의 대한민국은 망하지 존속되는것 은 다음 선거만을 생각하는 정치가(政治家) 가 있었고 국민의 공복이라는 자세를 견지한 공무원이 과반수. 법과 양심에 따라 국법을 준수하는 과반의 사법 공무원이 존재 하였기 때문이다.

아홉을 가지고도 마지막 하나까지 가지려는 기업과 부자들이 있어도 오블리스 오블리즈를 행하는 위대한 국민이 있었고, 어려운 이웃을 위해 얇은 지갑을 여는 독지가들이 있었기에 정치가 썩었을 망정 대한민국은 망하지 않고 있다.

정치가(政治家)의 정치는 결코 꿈이 아니다.
100점 대한민국을 조성하고 100점 국민(유권자)은 100점 정치를 만든다.
우리가 100점 유권자가 되는것은 우리의 아들딸과 손자손녀들의 행복과 안정적인 삶을 위하여는 국민의 고통을 가슴과 행동으로 풀어내는 인물에게 투표하는것 이고. 우리의 괴로움과 행복은 선거에 달려있다는 천하우락재선거의 의미를 가슴에 세기고 투표를 하는것이다.

성군에 버금가는 좋은 대통령과 좋은 선출직공직자를 선출하기 위하여는 지역, 정당, 혈연, 학연, 지연에 따른 감성적 투표 문화를 지양하여야 한다.

우리는 한번쯤, 아니, 여러번 조건 없이 지역에 따라 투표하고 정당만 보고 투표하고, 사돈에 팔촌이라며 할 수 없이 투표하고, 이웃이니 어쩔 수 없어서 투표하고. 같은 학교 출신이라며 투표하고, 기왕이면 차라도 한잔 같이 하였다고 투표하고, 애경사에 봉투라도 보낸 사람에게 투표하여 귀중한 유권자의 권리를 포기하여 왔던 지난 투표를 지양하여야 한다.

그러나 동호인의 대표나 이장이나 통장 선거는 단체의 명성에 누를 끼치지 않을 사람, 단체의 위상을 높일 수 있는 사람, 단체의 재정을 늘릴 수 있는 사람, 단체 회원을 편애하지 않을 사람인가를 꼼꼼하게 살펴 투표하여 왔다.

이는 유권자(有權者)가 후보자의 과거와 현재를 속속들이 알고 아울러 경력과 이력. 품성을 잘 알고 있기에 선택하는 것은 그다지 어렵지 않았기 때문에 자신을 위해 자신있게 투표를 하여왔다.

대통령이나 국회의원. 자치단체장이나 시도의원 후보들이 보내는 정책집을 두번 정도만 읽어보면 동호회나 이,통장 선거와 같이 올바른 후보를 선택하여 자신있게 투표하는 자세를 견지하면 우리와 우리의 아들딸과 우리의 손자손녀들이 행복하고 안정정적인 삶을 살게 한다는 점을 기억하여야 한다.

또 다른 경계의 대상은 대한민국의 보수와 진보, 진보와 보수 개념에 따라 맹목적으로 투표하는 습성이다.

보수(保守)는 재래의 풍습이나 전통을 중히 여기고 진보(進步)는 사회의 변화와 발전을 중히 여긴다.

대한민국 보수정당은 새로운 것을 받아들이는데 주저하고 진보정당은 변화와 발전에 적극적이면서 너무 앞서간다.

자유민주주의와 자본주의를 근간으로 하는 대한민국 정치가 추구하는 것은 자유로운 경제활동과 평등, 그리고 국민의 역동성을 보장하는 것에 초점을 두면서 모든 국민이 법앞에 평등하고 자유로운 경제활동을 지향하면서 약자를 보호하고 국민의 노력과 능력을 인정하고 개인의 인격보다는 국격을 우선하고 도덕성을 최우선으로 하고 책임을 전가하지 않으며 거짓말을 지양하고 **한 발짝 씩** 사회적 발전을 이루는 것을 목적으로 하는 것이 **진정한 보수정치**이다.

진보정당이라고 다르게 없다. 자유로운 경제활동과 평등, 그리고 국민의 역동성을 보장하는 것이 초점으로 진보정치가 추구하는 것도 모든 국민이 법 앞에 평등하고 자유로운 경제활동을 지향하면서 약자를 보호하고 국민의 노력과 능력을 인정하고 개인의 인격보다는 국격을 우선하고 도덕성을 최우선으로 하고 책임을 전가하지 않으며 거짓말을 지양하고 **한 걸음 씩** 사회적 발전을 이루는 것을 목적으로 하는 것이 **진정한 진보정치이**다.

다른 점이라곤 사회적 발전에서 **한발짝** 이나 **한걸음** 이냐 의 단 한가지 차이 뿐 이지만 다음 세대만을 생각하는 정치가(政治家)는 보수와 진보 어느 진영에도 존재하기에 북한을 멀리하면 공통 보수이고 가까이 하면 **빨갱이** 진보라는 생각을 버려야 한다.

전 세계의 민주주의 공화국의 정치이념은 진정한 보수이념인 자유로운 경제활동과 평등, 그리고 국민의 역동성을 보장하는 것에 초점을 두면서 모든 국민이 법앞에 평등하고 자유로운 경제활동을 지향하면서 약자를 보호하고 국민의 노력과 능력을 인정하고 개인의 인격보다는 국격을 우선하고 도덕성을 최우선으로 하고 책임을 전가하지 않으며 거짓말을 지양하고 **한 발짝 씩** 사회적 발전을 이루는 것을 목적으로 하고 있기에 정치가(정치가)를 선택하면 우리의 행복과 안정적인 삶에 영향을 끼치지 않는다.

진정한 보수정치가 사욕과 권력만을 지향하여 다음 선거만을 생각하는 정치인의 정치를 할때 진정한 진보에게 정권교체의 빌미를 스스로 제공하여 정부의 연속성을 실패한다. 역으로 진정한 진보정치도 정치인의 정치를 할 경우 진정한보수에게 정권을 내어주는 것이 민주주의 국가에서 흔하게 일어나는 현상이다. 한번은 보수정권 다음은 진보정권 다음은 보수정권이 들어서는 것이 보편적인 "예" 이다.

대한민국의 정치 70년은 1948년부터 1998년 까지 50년 간 보수정권이 통치하였다.

강산이 5번이 바뀌고 국민의 생활도 생각도 바뀌었어도 변화에 맞춘 정치의 혁신은 고사하고 진정한보수의 모습도 보이지 못한것이 대한민국의 보수정권이었다. 진정한 보수가 아닌 사이비보수정치를 하였기 때문이다. 그로 인하여 국민의 공복인 공무원은 나라의 주인인 국민위에 권림하고 헌법은 권력자와 있는 자들에게 유린되고 법조계는 황금만능주의 사상으로 유전무죄 무전유죄와 유권무죄 무권유죄, 고금무죄 저금유죄가 정착되었고 정치가 국민을 걱정하는것 이 아니라 국민이 정치를 걱정하는 세상으로 변한것은 50년 보수정치가 진정한 보수정치가 아니었음을 보여준다. .

대한민국의 50년 보수정치가 진정한보수 인지 사이비보수 인지를 가늠할 수 있는 것은 엘빈토플러의 저서 부의미래 중 속도론(필자는 그렇게 부른다)이 정답을 말해주고 있다.
이 책은 미국의 실상을 말하고 있지만 대한민국 보수정치와 연관 지어도 무리가 없다.

『부의 미래 65~68쪽』

시속 100마일을 허용하는 고속도로에 열 대의 자동차가 있는데 100마일로 달리는 차가 기업이다. 90마일로 달리는 차는 시민단체이고 60마일을 달리는 차는 가정이고 30마일로 달리는 차는 노동조합이고 25마일로 달리는 차는 관료조직이고 10마일로 달리는 차는 학교이고 5마일로 달리는 차는 국제기구이고 3마일로 달리는 차는 정부이고 1마일로 달리는 차가 있는데 그 차는 법이라는 조직이다.

왜?

어째서?

똑 같은 고속도로(대한민국)에서 똑 같은 성능의 차를 가지고 누구는 빨리 달리고 누구는 천천히 달리는가를 풀어보면 답은 간단 명

료하다.

빨리 달려야 돈을 버는 차가 있고 늦게 달려야 돈을 버는 차가 있기 때문이다.

빨리 달려야 돈을 버는 차는 기업이다

소비자의 욕구에 맞추어 상품의 질을 높여야 살아 남을 수 있기에 많은 비용을 들여 기술을 연구, 개발하지 않을 수 없는 기업이기 때문이다.

삼성과 엘지, 한화그룹등 대기업이 연구소를 설립하여 엄청난 비용을 투자하는것 이 그 까닭이다.

100마일의 도로도 아쉬워 간혹 속도위반을 하는것도 기업이다.

적당하게 저속위반에 걸리지 않을 만큼 달려야 돈을 버는 차는 관료조직이다.

관료조직은 설령 철가방 소리 들을망정 시계만 돌아가면 주인(國民)보다 급여를 더 받고 영감, 영감하며 상전으로 모시는 국민이 있는데 구태여 국민의 공복이라 우겨대며 고생하며 빨리 달릴 필요가 없는 차가 관료조직이다.

적당하게 천천히 달려야 돈을 버는 또 다른 차는 학교이다. 대학을 나와야 중산층으로 잘 살수 있다는 학부모와 스펙을 중시하는 학생과 돈이 차고 넘치는데 굳이 상아탑을 고집할 이유가 없는 차가 교육이다.

늦으면 늦을수록 많이 버는 차는 법조계이다.

세계에서 유일하게 기소독점권 등 일곱의 권한을 법으로 규정하여 기소를 해도 되고 안 해도 되는 절대 권한을 권력으로 바꾸어 연필하나 굴리면 뭉터기 돈이 들어오는데 굳이 빨리(革新) 달릴 필요가 는 차가 법조계이다.

빨리 달리면(革新) 달릴수록 수익은 떨어지고 더 빨리 달리면 아예 없어지기 때문이다.

기업과는 정반대인데 기업과 같이 빨리 달리면 달릴수록 돈을 번다면 이들은 법을 바꾸어 아우토반을 만들어 엔진이 깨질 때 깨지더라도 200마일로 달릴 것이다.

진정한 보수정치를 외면한 사이비보수정권의 산물이다.

진보정권은 다르다?

진정한 진보정치와 진정한 보수정치가 같은 점은 자유로운 경제활동과 평등, 그리고 국민의 역동성을 보장하는 것이 초점으로 진보정치가 추구하는 것도 모든 국민이 법 앞에 평등하고 자유로운 경제활동을 지향하면서 약자를 보호하고 국민의 노력과 능력을 인정하고 개인의 인격보다는 국격을 우선하고 도덕성을 최우선으로 하고 책임을 전가하지 않으며 거짓말을 지양하는 것이고 다른 점이라면 사회적 발전(革新) 부분에서 한 발짝(세 발짝이 한걸음)씩 혁신을 지향하는 보수. 한걸음씩 지향하는 혁신의 차이 뿐으로 나라를 다스리는 목적과 방법은 차이가 없으나 과연 1998년 2월 부터 2008년 2월 까지 10년의 김대중, 노무현 진보정권과 지난 50년의 보수정권과의 다른점은 국정기도에서 잘 나타 나는데 보수정권의 국정기조는 안보-경제-세계평화로 안보를 우선으로 하였고 진보정권의 국정기조는 남북평화-경제-세계평화로 전쟁의 위험성을 차단하여 경제발전을 이루고자하는 남북평화를 우선한것 이 다를 뿐 대통령권력을 향유한것 은 같으나 50년간 고착화 된 정경유착, 권언유착. 시녀검찰권력과 보수에 길 들여진 공권력 하에서 그 강도가 덜 했을 뿐이다.

만원을 훔쳐도 도둑이고 십만원을 훔쳐도 도둑이라 하기에 결국 대통령권력은 "어느 x 이 해도 같다 " 로 귀결된다.

다만,

국가의 살림살이를 살펴보면 보수정권과 진보정권의 차이는 극명하게 다르다.

박정희정권 다음해인 1980년 대한민국 일인당 국민소득은 1,700달러, 복지는 꿈도 꾸지못하고 나라 살림을 꾸리기 위하여는 차관(빚)으로 근근히 버티다가 주문자생산제조업이 들어오면서 국민소득이 6,000달러에 육박하면서 급격히 생활이 풍족?해지고 1988년에는 올림픽까지 치른 아시아의 용이라 일컬어진 국가 였지만 그 풍요로움은 10년을 넘기지 못하고 IMF 그늘에 들어가고 김대중대통령은 김영삼대통령으로 부터 빈곳간의 열쇠를 받아쥐었다.

전두환,노태우, 김영삼정권이 거덜내 버린것이다.

그후, 김대중, 노무현정부에서 가까스로 곳간을 채워 넣었지만 이명박정부에서 4대강사업과 자원외교로 곳간을 거덜내어 박근혜정부에서는 국고가 없어 사업을 하고싶어도 할수 없는 지경에 이르렀다 이과정을 돌이켜보면 보수정권은 곳간을 비우고 진보정권은 채우는 살림을 반복하여 왔다는 것이다. 박근혜대통령탄핵으로 대통령에서 파면되어 새롭게 들어선 문재인정부에서는 다행히 이

땅의 젊은이와 애국적 기업의 노력으로 수출 년 6,000억 달러의 수출9위국. 4,600억불의 외환보유국. 77여개 품목에서 세계시장점유율 1위를 달성하여 10대 경제부국으로 자리하고 599,000명의 현역군, 3,100,000명의 에비군, 2,870대의 K2장갑차. 2,654대의 M48전차. 2,140대의 k9 자주포. 3,854대의 견인포, 215대의 로켓프로젝터. 406대의 전투기. 466대의 폭격기. 40대의 수송기.777대의 헬기. 112대의 전투헬기.. 1척의 항공모함. 13척의 호위함. 12대의 구축함.16대의 잠수함.64대의 순찰함.11대의 기뢰함정을 보유한 5대 국방강국으로서 G7국가도 깔보지 못하는 대한민국이 되었다.

외국에서 유입되는 막대한 수익을 노인,여성,장애인.의료.건강복지 및 사회인프라는 미국을 앞지르게 되었는데 이는 권력을 이용한 부의 축적으로 세간을 혼탁하게 만들었던 전임 대통령과는 다른점이라 할것 이다.

국민이 정치를 걱정하게 하여서는 안된다. 다음 선거와 권력만을 생각하는 정치인(정치인)의 정치가 아니라 다음 세대만을 생각하는 정치가(정치가)의 정치. 국민을 걱정하는 정치가 되어야 한다.

제 6 장

머슴을 부리려면 머슴보다 더 많이 일 하여야한다.

대통령과 공무원은 국민의 머슴임을 알고 있다.

헌법 제1조 제1항 대한민국은 민주공화국이다.

대한민국은 국민이 주인이며 헌법에 따라(법치) 운영하는 국가라는 의미이다.

헌법 제1조 제2항 모든 권력은 국민으로 부터 나온다.

대한민국의 주인이 선출(선택)한 자 에게 주인의 권력을 한시적(임기)으로 위임하여 그 자로 하여금 국민이 요구하고 명령한데로 운영하는 국가라는 의미이다.

고로, 대통령을 비롯한 선출직.비선출직 공무원은 국민의 머슴이고 그들은 그대로 알고 있다.

국민은 대통령을 선출하여 그에게 국토와 헌법을 수호하고 경제안정에 대한 전권 부여하고 있다.

그럼으로 대통령당선자는 취임식에서 헌법 제69조에 따라 "나는 헌법을 준수하고 국가를 보위하며 조국의 평화적 통일과 국민의 자유와 복리의 증진 및 민족문화의 창달에 노력하여 대통령으로서의 직책을 성실히 수행할 것을 국민 앞에 엄숙히 선서 합니다" 라며 선거를 하는 이유이다.

헌법에 성문화된 선서문 중 헌법을 준수 하겠다는 것 은 헌법이 규정 한대로 국민의 안녕과 안정을 위하고. 치우침이 없도록 하여 헌법을 훼손하지 않겠다는 의미가 내포되어 있다. 다시 말해 대한민국 헌법에 따라 다스리겠다는(법치국가) 대국민 약속이다.

대한민국 국민은 최고의 머슴을 선출하기 위하여 그 비용을 감당하는데 후보에게만 지불하는 금액이 약 500억원이고 25억원을 모금할 수 있는 권리를 부여하고 있으며 정당에는 400억원 정도의 막대한 세금을 지출하고 있다.

대통령이 되기 위하여는 국회의원 선거권이 있는자로 선거일 기준 만 40세 이상인 자 이어야 하고 선거일 기준 5년 이상 국내에 거주하여야 하며 (공무로 외국에 파견한 기간 제외). 공직선거법 제18조에 위배되지 않는 자 이어야 한다.

대통령 선거기간은 23일 이며 투표일은 대통령 임기 만료일 70일 전 첫째 주 수요일이며 만약, 선거일이 공휴일 이거나 민속절일 이거나 첫 번째 화요일이나 목요일이 공휴일이거나 민속절일 경우 두 번째 수요일이 된다

선거비용을 국민의 세금으로 치르는 공용선거제를 도입하여 무분별한 출마를 지양하여 페널티를 주고 있는데 출마한 자의 최종 득표율이 15%을 넘으면 기탁금과 선거비용을 전액 돌려 받지만 10%~15% 이하이면 기탁금과 선거비용의 50%를 돌려주고 10% 이하면 한푼도 돌려 받지 못하도록 규정하고 있다.

당선은 다득표를 원칙으로 한표라도 더 얻은 자가 되며 동수일 경우에는 나이가 많은 사람이 나이가 같은 경에는 출생일이 빠른 자가 된다.

대통령에 당선되면 선거관위원회로 부터 당선증을 교부 받는 즉시 현직 대통령과 같이 경호원. 차량을 제공하는 예우를 받으며 인수

위원회를 설치하여 인수작업을 마친 후 임기개시일에 취임식을 거쳐 정식으로 대통령의 업무를 시작한다.

취임한 대통령은 헌법에 따라 대한민국을 다스리고, 명덕(明德)되고 초심(初審)을 지어지선(至於至善)하고 친민(親民)을 하고 인의예지(仁義禮智)를 겸비하여 이웃을 불쌍해 하고, 자신의 잘못을 부끄러워 할 줄 알고, 남의 잘못에 분노할 줄 알고, 사양하고 남에게 공을 넘겨 줄 줄 알고, 옳고 그름을 제대로 파악 할 줄 아는 성군과 같고 다음 세대만을 생각하는 정치가(政治家)라 하여도 대통령은 슈퍼맨이 아니기에 대통령을 보좌하는 1,300,000여명 의 공무원을 관리하기 위하여 대통령에 따라 약간 다르지만 일반적으로 대한민국 대통령은 통치의 효율성을 높이기 위하여 행정부, 사법부 공무원과 청와대에 보좌진을 둔다.

문재인정부를 참조하면 청와대에 정치적인 업무와 자치발전 업무를 보좌하는 정무수석. 국정을 기획하고, 홍보하는 대변인, 해외언론 담당자, 국내언론을 담당하는 춘추관장, 국민과 소통하는 센터를 총괄 보좌하는 국민소통수석, 국민고충의 파악, 부패방지, 공직기강 확립, 법무를 보좌하는 민정수석, 균형적이고 도덕적인 인재를 발굴하는 인사수석을 비롯한 비서관, 행정관을 두고 이를 총괄하는 비서실장을 두고 있으며 일자리를 기획하고 관리하며 자영업자와 벤처기업을 담당하는 일자리수석, 경제, 산업, 국토교통, 농수산업, 해외통상을 담당하는 경제수석, 사회정책, 교육, 문화, 기후환경, 여성가족을 담당하는 사회수석을 두고 이를 총괄하는 정책실장을 비롯한 비서관, 행정관을 두고 비서실의 비서실장이 총괄하도록 구성되어 있다.

또한, 국가위기 관리센터를 두어 안보전략을 기획하고 국방개혁과 사이버안보를 확립하고 평화와 통일, 외교정책을 총괄하는 국가안보실과 이를 총괄하는 국가안보실장을 비롯한 비서관, 행정관을 두고 있으며 대통령직속기구로 국가정보원장, 감사원장, 방송통신위원회 위원장, 국가인권위원회 위원장을 비롯한 비서관, 행정관을 두고 있으며

정부조직으로는 18부 5처 17청을 두어 국무총리가 총괄하되 특별한 사항은 대통령의 결정으로 이루어지도록 이원화 되어 있다.
국무총리는 기획재정부장관 (국세청, 관세청, 조달청, 통계청을 관장) 교육부장관, 과학기술정보통신부장관(과학기술혁신본부를 관장),외교부장관, 통일부장관, 법무부장관(검찰을 관장) 국방부장관(병무청, 방위사업청을 관장) 행정안전부장관(경찰청,소방청을 관장) 문화체육부장관(문화재청 관장) 농림축산식품부장관(농촌진흥청, 산림청을 관장) **보건복지부장관, 환경부장관**(기상청을 관장)고용노동부장관, 여성가족부장관, 국토교통부장관(행정중심복합도시건설청, 새만금개발청을 관장) 해양수산부장관(해양경찰청을 관장) 중소벤처기업부장관 과 더불어 국가보훈처장, 인사혁신처장, 법제처장, 식품의약품안전처장, 공정거래위원회 위원장, 금융위원회 위원장, 국민권익위원회 위원장, 원자력안전위원회를 두고 있다.

공무원은 국회의 동의가 필요한(감사원장,비서실장 등) 정무직, 채용시험으로 선발한 일반직, 법관, 외무, 경찰, 소방, 교육과 같은

특별직, 비서관이나 비서, 장관정책보좌관, 국회수석전문위원과 같은 별정직으로 구분하고 있으며 행정부 국가공무원으로 68만여명, 지방공무원으로 48만여명. 입법부 4,700여명, 사법부 18,000여명, 헌법재판소 300여명, 중앙선거관리위원회 3,000명 등 으로 약 1,300,000여명 을 두고 있다.

인사가 만사(人事萬事). 지인은 안민(知人은 安民) 이다.

아무리 좋은 대통령이라 하더라도 1,300,000여 명에 달하는 공무원이 국민의 봉사자로써 책무를 다하지 않거나 부패할 경우 국민이 불행해지기에 대통령의 인사권은 알맞은 인재를 알맞은 자리에 써야 모든 일이 잘 풀린다는 "인사가 만사(人事萬事).서경(書經)에서 말씀하신 사람을 볼 줄 아는 것은 백성을 편안하게 하는 "지인은 안민(知人은 安民)". 대학연의에서 말씀하신 인재를 배치하고자 할 때 맑은 사람(깨끗한)을 위에 두면 아래가 모두 맑아(깨끗해)진다는 거직조제왕(擧直措諸枉) 능사왕자직(能使枉者直)을 고려한 임용은 국민의 머슴인 대통령이 하여야 할 첫번째 과업이다.
이 모든것 은 국민에게 편안함(安民)을 주기 우함이다.

이를테면 윗 사람이 바르면(直) 명령을 하지 않아도 따르고 행(行)하며 바르지 못하면 명령을 내려도 따르지 않는다 하여 기신(其身)이 정(正)이면 불영이행(不令而行)하고 기신(其身)이 부정(不正)이면 수령불종(雖令不從)이라함도 모두 안민(安民) 때문이다.

서경에 이르기를 바르고 좋은 인사를 하기 위하여는

관이율(寬而栗 너그러우면서 엄정하고),

유이립(柔而立 부드러우면서 꼿꼿하고),

원이공(愿而恭 삼가면서 공손하고),

난이경(亂而敬 다스리는 능력이 뛰어남에도 삼가는 마음이 있고),

요이의(擾而毅 순하면서 과단성이 있고),

직이온(直而溫 곧으면서 온화하고),

간이렴(簡而廉 털털하면서 예민하고),

강이색(剛而塞 굳세면서 독실하고),

강이의(彊而義 힘이 세면서도 의리에 맞게 행동하고)

위 아홉가지 덕(德)을 갖추고 오랫동안 지속할(至於至善) 사람을
등용하여야 한다는 것 또한 모두 안민(安民)이 우선이기 때문이다.

인사에서 가장 경계하여야 할 것은 정언용위(靜言庸違 관직에 없
을 때 는 말을 잘 하지만 등용하면 도리에 어긋나는 행동을 하는)
한 사람을 등용하는 것이다. 이러한 시람은 윗사람을 말을 듣지
않고 감투의 무게만 재어 국민은 피곤해 지기 때문에 인사수석의
책임은 임명권자인 대통령보다 막중하다

필자의 칼럼 중 일부이다.
『지인(知人) 이 안민(安民) 이라.』
사람을 볼 줄 아는 것은 백성을 편안하게 하는 것이다
서경에 나오는 말입니다.
나라를 다스림(政治)에 있어서 이치에 어긋나거나 이치가 의심스럽

지 않도록 하기 위하여 일과 사물을 파악하여 제대로 실천하여야 하며(격물치지:格物致知), 사람의 욕심이나 욕망을 잘 제어하여 백성의 역동성을 보호하기 위하여 사사로움을 이겨내어야 하며(승사=극기:勝私=克己), 이를 실천하는 근본은 사람을 제대로 아는 것(지인:知人)입니다.

나라를 통치(운영관리)하는 자의 인사는 국민의 정신적 물질적으로 안정적 삶을 위하는 것으로 인사(人事)가 만사(萬事)라고 합니다. 모든 국민이 너무도 잘 알고 있고 백번 천번을 강조하여도 모자람이 없는 말입니다.

인사(人事)에서 지인(知人)을 하기 위하여 서경에서는 아홉 가지를 요구하고 있습니다.
-.너그러우면서 엄정한 사람(관이율자:寬而栗者)
-.부드러우면서 꼿꼿한 사람(유이립자:柔而立者)
-.조심하면서 공손한 사람(원이공자:愿而恭者)
-.능력이 있음에도 공경할 줄 아는 사람(난이경자:亂而敬者)
-.온순하면서 과단성을 가진 사람(요이의자:擾而毅者)
-.곧으면서 온화한 사람(직이온자:直而溫者)
-.서민적이면서 예리한 사람(간이렴자:簡而廉者)
-.굳세면서 독실한 사람(강이색자:剛而塞者)
-.힘이 세면서도 의리에 따라 행동하는 사람(강이의자:彊而義者)을 말하고 있습니다.
그러나,

인간의 본질적인 욕구가 모두 다르기 때문에 아홉가지를 충족하는 인간은 없습니다.

이중 두 세 개만 충족하여도 인사는 성공이라 할 수 있습니다.

하지만, 조건이 따릅니다.

통치(운영관리)자가 부족함을 보완하여 주는 것입니다.

지구상 최고의 성군으로 칭송을 받는 요임금이 말씀하시기를 인사를 함에 있어 반드시 조심하고 조심하여야 할 것으로 "공직에 없을 때는 조용히 눈치만 보며 때를 기다리다 감투를 쓰고 나서 인사권자의 말을 듣지 않고 마음대로 하거나 봉사를 권력을 악용하는 사람" 정언용위(靜言庸違)한 사람이라 하였습니다.

브레이크 뉴스

대통령에 버금가는 국회의원과 . 선출직 공직자

국회원과 선출직공무원(시,도지사, 시,군 자치단체장)이 되기 위하여는 국회의원 선거권이 있는자 로서 선거 다음날 기준으로 만 25세 이상의 대한민국 국민으로서 정당의 추천서(公薦)를 가지거나 국민 추천서를 가져야 하며(무소속) 기탁금은 1,500만원 이고, 선거기간은 14일 이고, 투표일은 임기만료일 50일 전 첫째 주 수요일이다. 만약, 선거일이 공휴일 이거나 민속절일 이거나 첫 번째 화요일이나 목요일이 공휴일이거나 민속절일 경우 두 번째 수요일이다.

대통령 선거와 같이 선거비용을 국민의 세금으로 치르는 공용선거제를 도입하여 무분별한 출마를 지양하여 페널티를 주고 있는데 출마한 자의 최종 득표율이 15%을 넘으면 기탁금과 선거비용을 전액 돌려 받지만 10%~15% 이하이면 기탁금과 선거비용의 50%를 돌려주고 10% 이하면 한푼도 돌려 받지 못하도록 규정하고 있다.

당선은 다득표를 원칙으로 한표라도 더 얻은 자가 되며 동수일 경우에는 나이가 많은 사람이 나이가 같은 경에는 출생일이 빠른 자가 된다.

또한 비례대표 국회의원이 있는데 비례대표 선출방식은 소속정당에서 여성은 홀수. 남성은 짝수로 순번을 배정한 다음 국회의원 총선거 투표에서 정당에 기표하는 투표수를 비례하여 인수를 확정하는데 그 인원은 20대 국회는 47명이다. 의원총수 300인 이며 지역구 253인 비례 47인 이다.

"법정선거운동비용"은 대통령과 달리 지역구 당 1억원. 지역구민 일인 당 200원. 읍,면,동 당 200만원 을 추가한 금액으로 결정되어 지역구 마다 법정선거운동이 다르며. 게리맨더링 법칙으로 인구 상한선과 하한선으로 두개 이상 시,군이 한 선거구가 되는 복합선거구는 한 시,군 이외의 시,군은 1,500만원을 추가하도록 규정하고 있다. 기탁금과 법정운동비용의 지급은 대통령선거와 같으며 정당에게 400억원 을 지원하고 있으며 당선자 결정은 대통령과 같다.

『참고로 승자독식제도라 하는 말은 사실과 다르다.

대한민국의 선거에서 득표수가 많은 자를 당선으로 하는데 이는 승자독식제도라 하지 않고 승자승제도라 한다. 승자독식제도는 간선제인 미국의 대통령 선거에서 지역별 인구수에 비례하여 선거인단을 배정하고(게리맨더링) 유권자가 후보에게 투표하여 한 표라도 많이 받은 후보가 전체 선거인 수의 표를 가져가는 제도로서 우리나라에서 승자독식제도라 하는 것은 부적절한 용어이다.』

국회의원도 대통령과 같이 임기 개시일에 국회법 제24조에 명시한대로 대국민 선서를 한다.

"나는 헌법을 준수하고 국민의 자유와 복리의 증진 및 조국의 평화적 통일을 위하여 노력하며, 국가 이익을 우선으로 하여 국회의원의 직무를 양심에 따라 성실히 수행할 것을 국민 앞에 엄숙히 선서 합니다" 라 맹세를 한다.

"국가 이익을 우선으로 하여 국회의원의 직무를 양심에 따라 성실히 수행할 것을 국민 앞에 엄숙히 선서합니다" 라는 맹세는 국민의 일상생활에 불편부당한 헌법이나 규정을 폐지하거나, 개정하거나, 제정하여 대한민국 주인의 안녕과 안정을 위하여 최선을 다하겠다는 약속이며 국회의원으로서 법적 의무를 다 하겠다는 대국민 선언이다.

국회의원은 보좌관을 비롯한 9명의 사무원에 대하여 추천권과 면직권 을 가지며 국회사무처에서 지원을 받아 헌법 또는 일반법을 개정, 폐지, 제정을 하며 상임위원회를 배정받아 상임위원회 소속 부서를 감시 감독하며 .예산결산위원회 소속이 아니더라도 지역구의 예산을 확보하는 일을 한다.

매년 연말이면 예산을 나누어 먹는다고 국회의원을 질타하는데 이는 LOG ROLL (통 굴리기) 이라 하여 대부분의 나라에서 보편화되어 있는 지역구민 살리기의 일환으로 마땅히 지역구민의 머슴으로서 마땅히 하여야 만 하는 일이다.

지역구 국회의원 어떤 사람이어야 하는가

지역구 국회의원과 단체장 선출은 지역구민의 생활안정과 편안함을 최우선으로 하여야 하는것은 백번 천번을 강조해도 무리가 아니다.

이러한 후보를 선택하는것은 그리 어려운 일이 아니다. 우선적으로 예(禮)를 알아 부모에게 효도하고 형제와 가족을 사랑하는 후보를 찾으면 된다. 부모의 마음으로 형제의 마음으로 자식의 마음으로 구민을 사랑하는 자세를 겸비하였기 때문이다. 공명정대한 후보를 찾으려면 강력범죄나 민생범죄를 저지르지 않은 후보를 찾으면 된다. 권력으로 국민을 병탄이나 인탄을 하지 않을 후보를 찾으려면 인의예지 중 의(義)와 지(知)를 아는 후보를 찾으면 된다. 특히,

지역구민의 삶을 안정적으로 이끌어야 할 막중한 책임을 가져야 함으로 반드시 "국민의 고통을 가슴과 행동으로 풀어내는 예술가" 의 덕목을 갖춘 후보를 찾아야 한다. 즉, 구민의 다양한 직업에 대한 고충을 가까이에서 느끼고 함께 고민한 사람으로서 구민의 고통을 나의 고통으로 가슴에 간직하여 헌법이나 규정을 폐지, 개정 또는 제정하여 구민의 고통을 해소 시켜줄 수 있는 사람이라

면 이는 최적의 머슴을 두는것 이다.

이러한 국회의원, 이러한 지방의원를 생각하면 가장 먼저 이 분들이 떠 오른다.

대한민국 정치의 변혁기인 2004년 한 젊은이가 대학과 논어와 대학연의에 심취하여 대한민국 전체는 아니더라도 내 고향 만큼은 제대로 만들어야 겠다는 각오로 정치판에 뛰어 들었습니다.

대한민국 정치를 다음 선거와 권력만을 생각하는 정치인(政治人)의 정치가 아니라 오직 다음 세대만을 생각하는 정치가(政治家)의 정치로 바꾸어야 된다는 한가지 목적이었습니다.

당시, 공천을 받기 위 하여는 당 대표와 당 지도부의 눈도장을 받아야 했고 돈도 있어야 했고 조직도 있어야 했던 정치판에 조직도 돈도 없이 변호사라는 간판 하나와 정치가(政治家) 정신만 가지고 뛰어든 정치판의 이단아(異端兒)였습니다.

그 는 대한민국 정치 역사상 최초로 지역구민의 여론조사 방식으로 치루어진 경선에서 승리하여 공천권을 거머쥐었고, 지역구민의 높은 정치수준에 힘입어 법정선거비용도 다 쓰지 않고 당선되어 국회에 입성하였습니다.

그는, 책에서 배운데로 초심을 지어지신하여 지역구민의 절대적 지지를 받아 선거 때마다 득표율이 올라가면서 연이어 4번이나 당선되었습니다.

그의 정치가의 정치를 선망하며 따르던 젊은이들은 시의원, 도의원, 국회의원에 당선 되었습니다.

그 는 정치가(政治家)의 정치의 표본이 되었기 때문입니다.

그 가 도당위원장으로서 필자와 함께 공천심사를 할때 비하인드 스토리 두가지 를 공개하면 하나는 필자가 제안한 자가공천제도를 실시하였고 일원한장 금품이 오가지 않는것 과 당세가 취약하여 광역의원(道議員) 공천신청자가 없어 고민 하던 중 후보등록 마감 이틀전에 그의 이름만으로 당선이 가능하다는 판단을 내린 공천심사위원회의 요청에 의해 그의 보좌관을 추천하였는데 그는 당당히 당선되었고 도의회 의장까지 하고 지금도 열심히 성실히 의정활동을 하였습니다. 전자는 국회은 4선에 충남도지사를 지낸 양승조 전 도지사이고 후자는 충남도의회 의장을 역임한 유병국 도의원입니다.

4번의 국회의원. 그리고 충남도지사. 당선의 원동력은 아주 명쾌합니다.

부모님과 반려자와 아들딸을 사랑하고 아끼듯이 지역구민도 똑 같이 아끼고 사랑하였기 때문입니다. 당리당락에 치우치지 않고 오직 지역구민 만을 생각하여 지역구민의 불편부당한 제도를 바로잡는 일에 다른 정당과 협의하고 협조를 받았기 때문입니다.

다음 선거와 권력만을 생각하는 정치인(정치인)이 아니라 오직 다음 세대만을 지역구민만을 생각하는 정치가(정치가)의 정치를 실천한것 입니다.

정치를 "국민의 고통을 가슴과 행동으로 풀어내는 예술" 로 승화시켰기 때문입니다.

세상의 괴로움과 즐거움은 선거에 달려 있다 는 최한기 학자님의 고매한 말씀. 천하우락재선거(天下憂樂在選擧)를 잊지 마시기 바랍니다.

부모의 마음으로 형제의 마음으로 자식의 마음으로 국민을 사랑하고 헌법에 따라 나라를 다스려 국민의 행복과 안정적인 삶을 실현하는 정치의 정석을 이행하는 우리의 머슴이 다음 선거와 권력만을 생각하는 정치인이 아니라 오직 다음 세대만을 생각하는 정치가 이어야 함을 잊지 마시기 바랍니다.

기권 하지 마십시요.

기권은 대한민국 주인의 권리를 포기하는것 이고 자신과 자신의 자녀와 후손의 행복을 포기하는 것입니다.

정당, 혈연, 학연, 지연. 지역이라는 감성투표는 지양하셔야 합니다.

그리고

여러분 주위를 들러보고 그릇된점 을 머슴을 시켜 고치도록 하십시요

제 7 장

국가에서 잃어버린 10점. 국민에서 잃어버린 20점.
정치에서 잃어버린 70점을 찾아서

12년 주기의 정헌국회(定憲國會)를 설치하라

헌법을 제정한지 70년이 넘었다.

바이마르 헌법을 짜깁기?하여 40여일 만에 만들기는 하였지만 대한민국 헌법은 세기 최고의 바이마르 헌법을 기초로 하여 일본제국에 침탈당한 분노와 위대하고 찬란한 조선의 민족혼을 비롯한 창대한 국가관으로 심어 놓은 자랑스런 대한민국 헌법이었다.

다만

10대 경제부국, 5대 국방강국이 현 시점에서 볼때 다양한 산업도 직업도 없었고 먹을거리 마저 자급자족이 되지 않았던 상황에서 제정된 헌법이라는 점은 안타깝다.

74년이 지난 현재의 대한민국은 직업과 산업이 다양화 되었고 정치, 사회, 경제, 문화등의 엄청난 변화속에 사는 대한민국을 74년전의 실정에 맞추어 제정한 헌법으로 다스린다는 것 은 누가 보아도 어불성설이며 이는 74년이나 낡은 누더기를 입고 패션쇼를 하는 것 과 다름이 없기에 현실에 맞추어 헌법을 개정하는것 이 국가와 국민을 위하는 길임을 강조하고자 한다.

작금의 국회와 국회의원은 그 임무가 국민생활에 불편부당한 법을 개정하거나 폐지하거나 제정하는 일임에도 불구하고 민생보다는 당리당락에 따라 개정하고 끼워넣기로 국민을 피곤하게 한 것이 작금의 국회의원의 일 이었다.

대한민국은 처절하게 민망한 헌법개정의 역사를 가지고 있다.

그 시작은 국회간선제로 당선된 이승만 초대대통령이 2대 대통령

선거에서 당선이 불확실하자 대통령의 야욕을 가지고 헌법의 잉크가 마르기도 전인 1952년 7월7일 국회양원제. 국무원 불신임제를 포함하여 국민직선제로라는 탐욕에 의한 개헌의 역사를 기록하였고, 1954년 제3대 국회의원 총선에서 자유당이 성공하자 주권제약, 영토변경 사안에 대여 국민투표를 도입. 국무총리제 폐지. 자유경제체제 변경, 장기집권 야욕을 채우기 위하여 그 유명하고 치욕스런 사사오입 개헌을 하고 1960년 6월15일에는 의원내각제로 개헌을 하고 4.19 학생의거로 복수정당을 보장하고 언론, 출판, 집회, 결사의 자유에 대한 검열을 금지하는 개헌을 하더니. 1960년 11월 29일에는 부정선거 관련자 처벌법, 반민주 행위자의 공민권을 제한하는 개헌, 1962년 12월26일에는 5.16 군사정부 주도로 정부형태는 대통령제, 국회는 단원제로 하며 헌법재판소를 폐지하고 국회의결 후 국민투표로 결정하는 개헌을 하더니 1969년 10월 21일에 그 유명한 3선개헌 및 국회의원 정수확대, 대통령탄핵소추 의결정족수 확대 및 국회의원 장관 겸직 개헌을 하고 1972년 10월17일 박정희 대통령은 국민의 기본권과 입법부, 사법부의 권한을 약화시키며 통일주체국민회의에서 선출하는 대통령 간선제, 대통령의 국회의원 1/3의 임명권, 긴급조치권, 국회해산권을 대통령이 갖는 개헌을 하더니 장기독재정치를 목적으로 전국에 비상계엄령을 선포하고 비상 국무회의를 통하여 국민투표를 거쳐 유신헌법으로 개헌을 하고, 1979년 10월 26일 박정희 대통령이 김재규의 총탄에 서거하면서 전두환 신군부가 1980년 5월 17일 전국에 비상계엄을 선포하고 대통령 간선제 유지(통일주체국민회의). 국회의원 1/3 대통령 추천권 폐지. 7년 단임제. 형사피고인의 무죄추정원칙. 연좌

제 폐지 등을 골자로 개헌을 하고 1987년 10월29일. 집권당의 노태우 대표의 6.29 선언으로 국민직선제, 대통령 비상조치권 폐지, 국회 해산권 폐지, 국정감사권 부활, 대법관제 부활. 헌법재판소 설치. 언론, 출판, 집회, 결사에 대한 검열 폐지. 최저임금제 및 사회적 약자에 대한 권익보호를 구체화 시킨 개헌을 하였다.

세기 최고의 법전이라 불리는 바이마르 헌법에 기초하여 제정된 대한민국 헌법이 군부정권에 의하여 40년 동안 9번의 개정을 거쳐 1987년 10월29일 전부 개정하여 1988년 2월 25일 부터 현재에 이르는 것이 대한민국 헌법개정의 흑 역사이다.
9번의 개헌을 살표보면 국민의 행복과 안정적인 삶을 위하는 개헌을 전무하고 오직 권력의 탐욕과 당리당략을 충족할 목적으로 이루어 진 것 이라는 점이 우리를 더욱 슬프게 한다.

국민이 먹고사는 직업이 다양화된 현실에서 70년이 지난 과거의 헌법으로 국민의 행복을 담보하기 어렵다는 것은 어느 누구도 부정하지 않는다. 민생에 시급하다며 법을 개정하려 하면 반드시 정략적 악법을 끼워 넣어 가까스로 한 두개 정도 개정하는 것이 고착화 된 것을 그냥 두고 볼 수도 보아서도 안된다.

수 많은 민생법안을 입안하여도 해당 상임위에서 정략적으로 발목을 잡고 가까스로 통과되어도 법사위에서 또다시 발목을 잡아 본회의에 올라가지도 못하고 해를 넘겨 폐기 되는것 이 대한민국 국회의 현주소이다.

시급한 것은 당신들의 주인인 국민을 생각하여 당리당락은 지양하는 정치가(政治家)의 정치를 지향하고 시민단체와 국회공동으로 헌법개정위원회를 설치하여 12년 주기(헌법개정위 설치 초기 국회. 2대 국회에서 정리하여 3대국회에서 의무적으로 개정하는)의 정헌국회(定憲國會)를 상설할것 을 명령한다.

정치에서 잃어버린 70점의 일부분은 현실에 부합된 헌법의 개정이라 할것이다.

제대로 된 정당과 정당법 개정을 명령한다

정당의 궁극적인 목표는 정권창출이다.

조건은 국민(유권자)의 직접투표에 의한 정당후보자(총선,지방선거)의 득표이다.

총선과 지방선거의 득표가 대통령선거에 직결되기에 작금의 모든 선거는 이데올로기 싸움이었고, 지역싸움으로 점철되었다.

그 결과는 정신적으로 생활적으로 국민은 피폐해져 있음도 사실이며 동서간의 갈등은 여전히 치유되지 않고 있으며 다음 선거와 권력만을 생각하는 정치인이 국회를 장악하고 있음도 주지의 사실이다.

대한민국의 주인인 국민(유권자)가 깨어 있지 않는 한 대한민국 정치는 30점대에서 헤매일 수 밖에 없다.

30점인 대한민국 정치를 100점으로 만드는 길은 국민이 잃어버린

20점. 즉 제대로된 정치가. 오직 다음 세대만을 생각하는 정치가 (政治家)를 국회에 보내는 것이다. 정치가 30점 이라고 분노하기전에 스스로 정당, 혈연, 학연,지연,지역에 의한 감성투표를 지양하는 것 이다. 그럼으로 국민은 100점이 되는것 이며 대한민국 정치가 100점이 되는 길이다.

유권자가 깨어 있다면 다음 선거와 권력만을 생각하는 정치인은 자연 도태되어 정치인을 공천하는 정당 정권창출을 할 수가 없다. 유권자가 깨어 있다면 정당은 오직 다음 세대만을 생각하는 정치가(政治家)를 공천할 수 밖에 없다.
유권자가 깨어있는 선거에서 정치인을 공천하여 표를 얻지 못하면 당연히 정권창출은 어림없는 일이다.
지역당원협의회(구,지구당)의 설치 목적은 선거를 위함이다. 지방선거에서 후보자의 득표. 총선에서의 득표가 대통령선거로 직결되기에 지역당원협의회(구,지구당)의 설치 목적은 정권창출을 위한 대통령선거를 위함이다.

정당에게 정치가를 공천하라 명령 하는 것은 올바른 정치. 올바른 법치로 우리가 행복한 대한민국에서 살기 위해서 이다.

대한민국 정당에게 대한민국 주인으로서 명령한다..
안보라는 이름으로 주인을 현혹하지 말라.
평화라는 이름으로 안보를 폄하하지 말라
사이비보수를 지양하고 진정한 보수로 돌아가라

급진적 진보를 지양하고 진정한 진보로 돌아가라
경상은 보수 호남은 진보라는 꿈에서 벗어나라
아전인수로 상대정당을 폄하 하자 말라

정당의 존재가치는 국민의 고통을 해결하는데 솔선수범하는 다음세대만을 생각하는 정치가(政治家)를 발굴, 생산하는 것이다.
그러할 때 비로서 국민은 막대한 국민의 돈을 정당운영비용과 선거비용을 지출하여도 즐겁게 생각할 것이다.

작금의 대한민국 정당은 정치가(政治家)의 배출보다 대통령권력과 집권정치를 지향하고 집권정치를 유지하는데 몰두해 왔으며 작으마한 인지도로 국민을 현혹하여 붕당을 지어 국민의 세금을 낭비하고 국민을 분열시키는 것에 치중하여 왔다

대한민국 정치가 30점에 정체된 이유, 30점 벽을 넘지 못하는 이유는 무분별한 정치인들의 붕당이 한몫을 하고 있다.
그렇다고
보수와 진보라는 이름의 양당정치를 고집하지는 않는다.
문제는 자유민주주의 라는 명분으로 정당의 설립의 자유를 보장하고 있다는 것이다. 정책을 발굴하여 국회에 제공하는 사단법인이나 특성적 단체면 충분하다. 작으마한 지지도를 이용하여 정당을 설립하여 국민의 세금을 털어가는 행위는 지양되어야 한다.

복수정당을 허용한것 은 1963년 박정희정권이다.

박정희정권이 복수정당을 허용한것은 보수를 고정시키고 진보가 분열하는 효과를 가지기 때문이다. 전두환대통령이 노태우를 당선시키기 위하여 김대중대통령을 해금시켜 김대중,김영삼이 출마 함으로서 진보진영의 표가 둘로 나누어 짐으로서 노태우가 당선된 것이 좋은 본보기 이다.

이후, 정당법이 개정되어 정당을 설립하려면 16개 광역시도 중 5개 시도당에 700명의 모집하면 단 3,500명의 당원으로 설립이 되도록 하여 놓은 것이다. 사단법인이나 특성적 단체도 이 인원보다 많은것을 감안하면 복수정당 허용은 자유민주주의에 입각한 것 이아니라 적대정당의 분열이 목표이었던 것이다.

현재 대한민국에는 현재 50여개의 정당이 있다. 국민은 지역적으로 경상. 호남. 충청으로 찢기고 노동자와 농민으로 찢기고 가진자와 없는자로 찢기고 어른과 젊은이로 찢기고 남성과 여성으로 찢기고 대통령의 욕심으로 찢기는 등 이리저리 찢기어 민주 정당정치의 기본인 보수, 진보를 대변하는 양당정치는 무너지고 유권자의 가슴을 갈갈이 찢어 놓았다.

국민의 행복과 안정적인 삶을 위하여 국민을 아끼고 사랑하는 정치의 본질은 권력의 탐욕에 지배되어 나라의 주인인 유권자는 갈피를 잡지 못하고 있으며 정당을 생각하면 머리가 지끈거리고 정당 이야기가 나오면 다짜고짜 싫어하고 외면하고 때로는 혐오스럽다고 까지 하고 아예 말도 꺼내지 말라는 지경에 이르고 있다.

자신이나 집단의 이익에만 치중하여 패거리를 지어 정부여당을 공

격하고 있으며, 정당은 정권창출이라는 자신들의 행동을 합리화
시키는데 치중하여 정치의 정석을 요구하는 국민에게 분노만을 안
겨주고 있다.

정치를 이해하는 국민들은 다음 세대만을 생각하는 정치가(政治家)
가 아닌 다음 선거만을 생각하는 정치인에 대하여 분노하고 있으
며 헌법에 따라 나라를 다스리기 보다 국민이 납부한 피같은 세금
을 받아 활동하면서 자신과 패거리의 영달에만 치중하는, 다음 선
거만을 생각하는 정치인의 행위에 분노하고 있다.

논어에서 공자가 말씀하시길 붕당은 나라를 망치는 근본원인이기
에 이를 경계하라 말씀 하셨다.
5개 시도당 각 700명 씩 고작 3,500명 당원으로 설립하는 절차를
16시도당에 각 2,000명으로 확대하고 대중적 이념적 정당으로 설
립허가 기준을 마련하여야 한다.

민주정당 정치의 기본목적은 법치에 의한 국가로서 헌법을 보호하
고 수호하는 것 이며, 남자와 여자. 어른과 젊은이. 있는 자 와 없
는 자, 배운 자 와 덜 배운 자를 불문하고 법 앞에 평등을 보장하
는 것 이며, 국민의 자유로운 경제활동을 보호하고 보장하는 것
이며, 경제활동에서 약자를 보호하는 것 이며, 국민의 노력과 능력
을 인정하는 것 이며, 개인의 인격보다는 국격을 우선하는 것 이
며, 거짓말을 지양하고 책임을 남에게 전가하지 않는 것 이며, 현
실에 맞는 사회적 발전에 힘쓰는 것 이며 특히, 지역 국회의원.
시도. 시군구의원과 자치단체장은 지역구민들의 다양한 직업에 대

한 고충을 진솔한 마음으로 이해하고, 고충을 해결하는 정책이나 규정을 입안하여 헌법과 조례를 개정, 폐지, 제정하여 국민의 고통을 해소하는 것 이다.

다시 말하건데 복수정당허용은 박정희정부의 장기집권 정책이었다. 로 귀결된다.

해방 이후 미군정의 지휘아래 헌법 등 운영규정 제정을 목적으로 2년 임기의 국회의원 200명을 선출하는 제헌국회의원선거에 참여하기 위하여 결성한 집단이 대표적으로 대한독립촉성국민회의. 한국민주당, 대동청년당 등 이다. 해방된 한반도는 전주이씨 왕조국가도 아니었고 민주주의 국가도 아니었다. 엄격히 말하면 대한제국이 일본에 병합된 후 해방이 되었다면 대한제국이어야 하는데 1919년 설립한 상해 임시정부를 인정만 하는 상황에서 나라다운 나라도 아니었다. 미국의 도움으로 민주주의 대한민국공화국의 틀을 잡기위하여 사회단체를 정당의 개념으로 조직하여 미국 군인들의 감독으로 치루어진 선거이었다.

해방 이후 자본주의와 공산주의의 대표격인 미국과 소련(소비에트연방)이 미국과 소련의 한반도 분할통치협약을 체결하여 북위 38도선 이북은 공산주의 소련이 38도 이남은 자본주의 미국이 통치하면서 미국 군인이 관리 하에 치르는 제헌국회 총선에서는 공산주의정당도 사회주의정당도 보수정당도 진보정당도 없었고 보수정치도 진보정치라는 개념도 없었다. 오직 헌법과 국회운영규정, 정부조직법등 제반법률을 만들어 국가의 틀을 세우는것 이 궁극의 목적이었다. 이렇게 이루어진 제헌국회는 법을 제정하고 대통령을 선출하여 그로 하여금 국토를 수호하고 국민의 안정적인 삶에 대한 걱정을 해소하는 일 뿐 이었다.

30점 정치는 이렇게 시작되었다.

2년의 제헌국회 이후 1950년 5월 30일 4년 임기로 하여 210명의 국회의원을 선출하는 제2대 국회의원 총선거에서 정당과 사회단체, 무소속의 39개정당(단체) 2,200명이 등록하는 요지경 총선이 야기되었고 이 시점부터 대한민국 정치판은 당선만 되고 보자는 선거만을 생각하는 정치인(政治人)에 의한 정당정치가 시작되었던 것 이다.

정당법을 정리하지 못한 상태에서 치루어진 2대 총선에서 210석 중 무소속이 무려 126석을 가져가고 이승만대통령의 정당에서 고작 24석에 미치자 국회의원 간선제 하에서 대통령 당선이 불확실해지자 이승만은 무소속 국회의원 101명을 포섭하여 자유당을 창당하는데, 무소속을 포섭하는 과정에서 딜은 필수적 이었을 것이라는 합리적 의심은 자연스러운 것으로 이 의심이 권력과 다음선거만을 만을 지향하는 정치인을 양산하여 대한민국 30점 정치의 시작이라 할 것이다.

이승만대통령은 무소속 101여명을 포섭하여 차기 대통령선거에서 유리한 의석을 확보하였지만 자유당은 그들에게 끌려갈 수 밖에 없자 대통령은 공권력으로 국회의원을 압박하여 입을 막은 다음

1952년 7월4일 계엄령을 선포하고 대통령 4년 중임제와 국민직선제 발췌개헌을 통과 시키게 된다. 정치가(政治家) 이승만이 정치인(政治人)으로 변질되면서 30점 정치의 서막을 연 것이다.

대통령 권력의 하수인이 되는 검경데 심취한 이승만 대통령은 장기집권의 야욕을 충족하기 위하여 자신의 손으로 만드시피한 헌법의 잉크도 마르기도 전에 자신의 권력 욕구를 충족코자 대통령의 권력을 이용하여 개헌을 함으로서 국회의원은 공천은 대통령. 검찰과 경찰 또한 대통령이라는 그릇됨을 잉태시켜 지금에 이르렀으며 대통령 자신은 대한민국의 기초를 세운 대통령의 명예를 훼손하였으며 진흙탕 정치를 뿌리내려 다수결의 민주적 절차를 쪽수에 의한, 쪽수정치를 조성하였으며 대한민국 국회 역사에 씻을 수 없는 오점을 남긴 사건을 일으키고 마는데 그 사건이 3선개헌으로 4이하는 죽이고 5이상은 살리는 4사5입(四死五入) 개헌이다.

이사건으로 1955년 신익희, 조병옥박사 중심의 서민과 중산층을 위한 민주국민당과 조봉암박사 중심의 노동자와 농민을 위한 진보당이 창당되었다.

이승만정부와 연계된 기업인과 공직자는 자유당, 자유당과 연계되지 않은 기업인과 노동자와 농민은 민주당, 일부 노동자와 농민은 진보당으로 삼분화 되었던 것이다.

그 당시 정당 지지율은 일반적으로 자유당 40%, 민주당 40%, 진보당 10% 무당층이 10% 정도로 자유당은 부패할 망정 분열하지는 않고 민주당과 진보당은 부패하지는 않지만 분열하기에 그 약점을 정권유지에 이용한 것이 복수정당 허용이다.

자유당 지지층이 어느 정도 무너진다 해도 민주당과 진보당이 대립하고 분열하면 정권유지가 가능하기에 복수정당은 이승만정권부터 대한민국 보수정권에 유리하기에 박정희정권에서 복수정당을 허용한것이라 볼 수 있으며 그효과는 김대중, 김영삼이 분열하여 노태우가 대통령 당선으로 나타났다.

정치가(政治家)를 공천하라 명령한다.

대한민국 정치는 대통령권력에 가까이 하여 국회의원 등 선출직으로 공천을 받고 당선이 되면 부와 권력을 누리는 삼류정치인. 다음 선거만을 생각하는 정치인(政治人)의 정치로 전락하여 강산이 일곱 번이 바뀌었음에도 다음 선거만을 생각하는 정치인(政治人)의 정치가 뿌리내려 왕조국가의 정치에 못미치는 정치로 대한민국의 주인은 피곤하고 괴로운 지경에 이르러 있다.

우리는 10대 경제부국, 5대 국방강국. 세계최고의 도덕적 국가로 자리 잡았다. 특히, 이 땅의 젊은이와 애국적 기업이 일구어 놓은 경제대국을 지키고 발전시키는 최선의 방법은 법과 원칙에 따른 정치가(政治家), 다음 세대만을 생각하는 정치가(政治家)가 나라를 다스리는 것이다.

정당은 다음 세대만을 생각하는 정치가(政治家)를 생산. 발굴하는 것을 지상최고의 목표로 매진하여야 하는것 이다

법과 원칙에 따른 정치가(政治家), 다음 세대만을 생각하는 정치가(政治家)를 공천하여야 하는 사명감을 가진 정당은 이제껏 보지 못하였고 당 대표와 당 지도부의 눈도장에 좌지우지 되는 공천이 보편화 되어 있다. 그럼으로 정치가(政治家)정치를 사명감을 가진

후보자는 눈도장에 의지하여 다음 선거와 권력을 지향하는 정치인(政治人) 에게 밀려난지 오래이다.

한 순간이나마 2003년 즈음, 모 진보정당에서 무소불위의 총재제도를 폐지하고 공동집권체재로 전환하면서 도덕적이며 지역의 발전과 지역민을 아끼는 인품있는 후보를 공천하기 위하여 심사위원 점수와 방청객과 안방관객의 점수를 합산하여 우승자를 결정하는 음악 프로그램 오디션 방식과 유사한 공천재도를 도입하여 실시는 하였지만 최종결정은 권력자의 공천으로 회귀하고 말았다.

비교적 민주적이라 자부하는 정당의 당 대표와 지도부도 정당권력의 달콤함을 버리지 못하였던것 이다.

뒤에 소개 하겠지만 2008년 경 모 진보정당의 정당혁신위원회 위원장에게 5가지 공천조건을 분리하여 점수를 부여하여 이를 합산하여 최고점자를 공천하는 제도로 후보 스스로 채점이 가능한 자가공천제도를 제안 하여 검초를 하엿는데 그 위원장의 보좌관과 위원들 대부분이 그렇게 공천하면 뭐 하러 지도부 하나? 라는 말이 아직도 귓가에 맴돌고 있다.

이 말의 의미는 감투의 달콤함을 즐기지 못하는것 에 대하여 미련을 버릴 수 없다는 것 일것 이다.

음악프로그램의 오디션 방식으로 체택한 것이 국민경선제. 또는 오픈 프라이머리 로서 이제는 각 정당에서 이 방법을 체택하고 있지만 지도부의 눈도장으로 제 구실을 하지 못하고 있다.

국민경선의 투표권은 각각 수치는 다르지만 일반적으로 당비를 납부하는 진성당원(권리당원) 50%, 당비를 납부치 않는 일반당원과 정당을 지지하는 국민을 50%로 책정하고 여론조사기관에 위탁하여 현장직접투표와 전화투표를 거쳐 최다 득표자를 후보를 선정하는 방식을 취하고 있지만 이 또한 눈 가리고 아옹 하는 것 과 다름이 없다. 50%를 차지하는 진성당원(권리당원)은 조사가 끝나면 빠져나가는 시한부 진성당원으로 이분들을 모집하는 것과 전화조사는 토호들의 우위로 판가름 나는것 이 보통이며 조사의 기한과 시간. 전화대수의 한계로 진성당원 전체의 의사가 반영되지 않는 취약성을 가지고 심지어는 조사를 미루다가 선거관리위원회 후보 등록일 직전에 조사를 하여 어느 지역은 100명도 안되는 조사 지표로 후보를 결정하는 사례도 있다. 이 또한 지도부의 입김이 작용하기 때문이다. 결국, 정치의 사명감과 고도의 도덕성과 정치가(政治家)의 자질을 가진 후보는 재력을 겸비한 토호들에게 밀려나고 폐단을 안고 있는것이 국민경선이다.

민주적 정당이라 자부하는 모 정당을 예로 들면. 그 정당은 도덕성. 정체성, 의정활동능력 등 5개 항목을 규정하여 공천한다 하지만 실제로는 이 항목은 경선후보를 압축하는 자료로만 사용될 뿐 앞서 기술한 진성당원(권리당원). 일반당원. 국민의 전화조사로 결정되기에 있으나 마나한 공천규정이 되고있다.

또 하나는 호주식 경선제도로서 이 방식은 경선후보가 4명일 경우 실시하였는데 유권자 1인이 1순위. 2순위로 2인에게 투표한 다음 1순위 후보 득표가 과반이 되지 않을 경우, 1순위 투표에서 4위를 한 2순위 후보자의 투표수를 합산하고. 그래도 관반이 넘지 않으면   1순위 투표에서 3위를 한 2순위 후보자의 투표수를 합산하여 최고 득표자를 후보로 결정하는 방식이다.

이 방식의 맹점은 후보가 4인일 때 거의 절대적으로 1차 개표에서 과반이 나오지 않기에 1인 1표. 다득표 순으로 결정되는 2~3 명의 경선에서 승리하지 못할 것 같은 후보가 지도부의 도움을 받아 4명이 경선을 치르는 호주식경선제로 하여 당선 가능한 후보와 겹치는 후보의 2순위를 자신에게 투표하도록 딜 할 경우 1순위 투표에서 2위를 한 후보가 승리하는 상황이 연출되는 것이다.

또 한가지는 옥상옥 공천이라 질타를 받은 국민 배심원제를 도입하기도 하였는데. 100명 정도의 배심원단을 당대표가 선임한 중앙배심원 50명, 지역에서 선임한 지역배심원 50명의 현장심사를 거쳐 그들의 투표로 결정하는 방식으로 당대표의 의중대로 결정이 나는 공천이 되는 것이다.

이와같이 작금의 공천방식은 미사여구를 총동원 하여도 당 대표와 당 지도부의 눈도장으로 결정되는것 으로 눈도장에 치중하는 권력과 다음 선거만을 생각하는 정치인(政治人).이 공천을 받게 되는것이다.

국민경선으로 다 득표 하였다고 전부 공천 받는것 이 아니다.
공천심사위원회 위원장과 인재영입위원회 위원장은 최고위원회 의결로 임명하는데 말이 의결이지 당대표의 권한이다.
공천심사위원장과 인재영입위원장이 임명되면   먼저 전략공천지역과 경선공천지역으로 분류하고 전략지역은 인재영입위원장이 관리하고 공천심사위원장은 후보등록을 받아 단수공천지역과 경선지역으로 분류하고 예비후보자 자격심사를 거쳐 공천때 마다 달라지는 당규에 따라서 부적격자는 탈락시키고 2~3명으로 압축하여 국민경선이나 전화조사를 확정하여 메뉴얼을 제시한다. 메뉴얼대로 실시한 경선투표의 최고득표자는 최고위원회의 의결로 확정하는데 여기에서 지도부의 눈도장으로 당락이 바뀌는 경우가 있는데 근소한 차이로 탈락한 후보가 이의신청제도를 이용하여 지도부의 인맥으로 상대를 탈락시키는 것으로 이 또한 지도부의 눈도장을 찍은 토호들의 공천은 반 이상의 확률이 있다는 점이다.

정당이 제대로 된 정치를 국민에게 보여달라는 요구를 충족하여 10대 경제부국, 5대 국방강국을 유지, 발전시켜야 하는 사명감으로 다음 선거만을 생각하는 정치인(政治人)이 아닌 다음 세대만을 생각하는 정치가(政治家)를 공천 한다면, 우리와 우리의 자녀와 우리의 후손이 행복한 대한민국에서 안정적인 삶을 살 것 이라는 확신으로 정권창출과 정권유지는 따 놓은 당상과 같다.

다음은 필자가 2008년 입안한 자가공천제도를 현제 각 정당은 이와 유사한 공천제도로 자리 잡아 가고는 있지만 각 조항을 합산하여 공천하지는 않고 있다. 정치가(政治家)를 공천하는 필자의 방식을 소개한다.

자가 공천제도의 입안 목적은 민주적이라며 도입된 경선방식이라 하지만 당원이 분열하거나 반목하고 선거사범이 증가하는 폐해가 있어 후보신청자 스스로 자신의 점수를 채점하여 스스로 결정할 수 있기에 필요없는 지출을 지양하고 당원의 분열과 반목. 선거사범을 없애며 정당 지도부의 권력이 남용되는 것을 지양하기 위하여 작성하엿다.

특히 공천방식 다섯가지 항목 중 세 가지 항목은 고등학생이 심사를 하여도 가능한 것이 특색이고 한 가지 항목은 면접관, 한 가지 항목은 지역 당원과 구민을 상대로 한 경선이다. 가장 큰 특징은 도덕성, 정체성, 기여도, 의정활동능력, 경선점수를 합산하여 최 고 점자를 공천하는 방식이다.

자가공천제도
채점기준표 (최상위점수, 최하위점수를 배제한 평균점수로 한다)
* 1-4항의 점수와 5항의 점수를 합산하여 결정.
채점방법 및 점수
 1. **도덕성 : 20점**
    서류심사 : 근거서류 (범죄경력증명서. 세금체납확인서)
    ①형사사건
      (실형 0점/ 금고 등 5점/ 없음 10점)
    ②민사사건
      (실형 0점/ 금고 등 2점/ 없음 5점)
    ③세금 미납
      (유 0점/ 무 5점)
  2. **정체성 : 10점**
      서류심사 : 근거서류 (당적확인서)

①입당일(당적보유기간)

 (다 5점/ 소 3점)

②탈당경력 : 2점

 (유경력 0점. 무경력 2점)

 ③탈당-타당입당-입당 경력 : 3점

 (유경력 0점/ 무경력 3점)

3. 정당기여도 : 20점

 서류심사 : 근거서류 (중앙,시,도당 확인서)

①중앙당 부위원장급 이상

 (유경력 5점/ 무경력 0점)

②시도당 부위원장급 이상.

 (유경력 3점/ 무경력 0점)

③대선, 광역단체장 선거당직

 (유경력 3점/, 무경력 0점)

④당원교육, 연수 :

 (회당 1점) = 최고 5점

⑤장애인,노인,여성,청년위원회 간부급 이상 :

 (유경력 4점, 무경력 0점)

4.의정활동능력 : 20점

 대면심사 : 근거서류 (의정활동계획서)

①전문성 : 5~10점

②기획력 : 2~5점

③발표력 : 2~5점

5.당선가능성 : 50점

 경선점수 : 근거서류(지역구 경선점수)

①권리당원 : 0~30점

②일반당원.: 0~10점

③국민   : 0~10점

심사방법
　심사위 명칭 : 공직후보자 심사위원회
　심사위원 구성 :
　　　　　　　서류심사단 : 팀당 7인/ 3개팀
　　　　　　　면접심사단 : 팀당 7인/ 3개팀

의정활동능력 평가 심사 방법
1) 당일 추첨으로 심사실 배정(매일 다르게 함)
2) 지역구별로 심사실 입장 후, 당일 제시한 주제 작성.
　(후보만 입장하는 사무실, 컴퓨터, 프린터, 필기구, 전화금지)
3) 제출한 논술을 근거로 기획력. 전문성. 발표력 채점.
4) 최고,저 점수를 제외한 5인의 평균점수로 확정함.

공천심사 (도덕성, 정체성, 기여도 서류 심사단)
　1) 당일 추첨으로 심사실 배정.
　2) 사안별로 제출된 서류를 근거로 채점.
　3) 최고,저 점수를 제외한 5인의 평균점수로 확정함.

단수공천
　1)의정활동능력.도덕성,정체성,기여도점수의　　차이가　　25점
이상 일 경우
　2)등록후보가 단수이거나, 당선이 절대적 우위인 현역.
　　(여론조사 서 첨부)

재심위원회
　1)1인의 위원장 포함 9인으로 구성
　　(위원장을 제외하되 동수일 경우 위원장이 결정)

2) 공천확정 3일 이내에 재심 신청서 제출
3) 신청 접수 후 5일 이내에 결과 통보
4) 재심사 신청비용은 공천심사비용의 30%

전략공천기준
1) 당세가 취약한 지역. 낙선가능성이 농후한 지역
2) 전략공천후보는 공직후보심사위원회에 등록한다
   (지역위원장, 원로의견 수렴후 최고위원회의 결정으로 한다)

14년 전에 입안 한 자가 공천제도는 이와 유사한 방법으로 공천을 하고 있지만 경선후보 압축으로 만 사용될 뿐 권력에 안주하는 정당지도부가 경선으로 후보를 확정함으로서 정치의 사명감을 가진 정치가(政治家) 다음 세대만을 생각하는 정치가(政治家)를 공천하지 못하여 대한민국 정치는 30점을 넘어서지 못하고 있는것이 현실이다. 국민에게 즐거움을 주고, 다음 세대만을 생각하고 사명감을 가진 정치가(政治家)를 공천하는 정당으로 환골탈퇴하라 명령하지 않을 수 없다.

국민에게 감사하는 공무원이 되라 명령한다.
공무원은 국민의 행복과 안정적인 삶을 실현하고 국민을 아끼고 사랑하며 헌법에 따라 나라를 다스리는 대통령의 책무를 보좌하면서 국민으로 부터 수당을 받는 국민의 봉사자이다.

그러하기에 공무원으로 임용되면 다음과 같은 선서를 하는데

"나는 대한민국 공무원으로서 헌법과 법령을 준수하고 국가를 수

호하며 국민의 봉사자로서의 임무를 성실히 수행할 것을 엄숙히 선서합니다" 라고 국가공무원법 제55조를 지킨다고 맹세를 하는것이 대한민국의 공무원이다.

공무원은 국회의 동의가 필요한 정무직(감사원장,비서실장 등) 과 시험으로 선발한 일반직, 특별직으로 법관, 외무, 경찰, 소방, 교육 분야, 별정직으로 비서관이나 비서, 장관 정책보좌관, 국회 수석전문위원이 있으며 행정부에 680,000여명, 지방정부에 480,000여명. 입법부에 4,700여명, 사법부에 18,000여명, 헌법재판소 300여명, 중앙선거관리위원회 3천여 명으로 약 1,300,00여 명이 있다.

공무원이 명덕하고 친민하고 지어지선하고 인의예지를 갖추고 덕과 예로 대한민국을 다스리는 아무리 좋은 대통령이 있다 하여도, 다음 세대만을 생각하는 정치가(政治家)라 하여도 봉사자의 자세를 견지하지 않으면 대통령은 혼군(昏君)이 될 수 밖에 없으며 국민은 항상 피곤한 삶을 살 수 밖에 없다.

대한민국 공무원 70년 역사를 돌아보면 권력과 다음 선거만을 생각하는 정치인(政治人)의 정치에 편승하여 국민의 공복(공공의 심부름꾼)을 거부하고 오히려 권력이 되어 국민의 상전으로 군림하여 왔으며 내부적으로는 영감, 어르신이라 부르면서 감투의 무게를 명예로 치부하는 지경에 이르고 있고 공인으로서의 도덕성과 겸손은 사라진지 오래이다.

다행스러운 것은 자신이 존재하는것 은 국민이 있슴 임을 알고, 국가를 수호하고 국민의 봉사자 임을 알고, 자신이 받는 봉급이 국민이 주는 것을 알고 있는 공무원이 과반이 넘는다는 것이 큰 위안이 되고 있으나 권력과 다음 선거만을 생각하는 정치인(政治人)의 정치에 편승한 공무원은 이를 감투를 알고 인허가권을 권력으로 하여 국민위에 군림함으로서 진솔된 공무원의 명예까지 실추하여 왔다.

김영란 법이 제정되고 조금 나아지긴 하였지 만 범죄를 저질렀을 때도 헌법에 따라 경찰과 검찰의 수사를 받지 않고 공무원 징계위원회에서 솜방망이 처벌을 함으로서 공무원의 범죄는 근절되지 않고 있다.

근절되지 않은 이유는 공무원의 임용에 있어서 인성과 공복의 사명감은 무시하고 오직 기억력이 좋은 사람(공부 만 잘하는 사람) 중심의 시험으로 발탁하거나 정당의 공천으로 당선된 단체장이 발탁하여 임명하기 때문이다.

서경(書經)에 이르기를 공무원을 발탁하여 적재적소에 배치하는 것은 국민의 편안하게 하는 것이라 하여 지인은 안민(知人은 安民)이라 하였다.

공무원의 자질에 대하여 서경(書經)에 이르기를
관이율(寬而栗 너그러우면서 엄정하고),

유이립(柔而立 부드러우면서 꼿꼿하고),

원이공(愿而恭) 삼가면서 공손하고),

난이경(亂而敬 다스리는 능력이 뛰어남에도 삼가는 마음이 있고),

요이의(橈而毅 순하면서 과단성이 있고),

직이온(直而溫 곧으면서 온화하고),

간이렴(簡而廉 털털하면서 예민하고),

강이색(剛而塞 굳세면서 독실하고),

강이의(彊而義 힘이 세면서도 의리에 맞게 행동하고)

의 인물이어야 한다고 하였다.

그러나 인간의 속성상 아홉 가지 덕을 모두 갖춘 사람은 없다.

그렇다면

채용시험에 합격한 자 중에서 최소한 부모에게 효도하고 가정이 화목하고 민생범죄를 저지르지 않은 사람을 등용하는 것이 최선의 선택이다.

특히 조심할것 은 정당 추천으로 당선된 인사권자의 고유권한을 자기 사람이라고 전문지식이 없는 부서로 발령하거나 교환근무라 는 이름으로 좋은 자리로 이동시키는 것은 금물이다. 이는 현대판 매관매작으로서 그 결과는 국민을 피곤하게 하는 것이다.

조선 왕조국가에서도 전문 인재를 발굴하여 적재적소에 배치 하였던 것을 알 수가 있다. 대외정책의 원활을 위하여 한어(漢語), 몽고어(蒙古語), 여진어(女眞語), 왜어(倭語)등 통역 전문직으로 역과(譯科)를 시행하여 인재를 발탁하였고 치료 전문직 의과(醫科)·법률전문직 율과(律科)등을 시행하여 인재를 발탁하였는데 그러 함에

도 불구하고 불효, 불충한 사람을 제외시켰다 , 부모에게 효도하지 못하는 사람이라면 국민을 섬기지 못하기 때문이고 국격을 우선하지 않은 사람은 국민이 주는 수당을 받을 자격이 없기 때문 이었음을 간과 해서는 안된다. 실력보다는 인성(人性)을 중요시 하였던 것이다.

임명권자의 덕목

임명권자가 행 하여야 하는 덕목을 대학연의를 통해 공자가 말씀 하시길 "맑은 사람(깨끗한)을 위에 두면 아래가 모두 맑아(깨끗해)진다" 라는 거직조제왕(擧直措諸枉) 능사왕자직(能使枉者直) 이라 하셨다.

거직조제왕(擧直措諸枉) 능사왕자직(能使枉者直) 이 시급한 조직은 검찰과 법원이다.

판,검사와 변호사는 대한민국 최고의 엘리트임을 누구도 부정하지 않는다. 사법고시를 통과하여 사법연수원을 졸업하면 상위 10% 정도만 판, 검사에 임용되는데 대한민국 최고의 엘리트이다. 임용되고 나면 자부심은 하늘을 찌르지만 막상 조직에 들어가는 순간 공정하고 정의로운 풍운의 꿈은 계열과 선배라는 질곡에 함몰되어 "『본인은 법관으로서 , 헌법과 법률에 의하여 양심에 따라 공정하게 심판하고 , 법관윤리강령을 준수하며 , 국민에게 봉사하는 마음가짐으로 직무를 성실히 수행할 것을 엄숙히 선서합니다 라는 판사 선서를 망각하고 "나는 이 순간 검찰조직과 선배검사들의 부름을 받고 영광스런 검찰왕국 검사의 직에 나섭니다.

조직이익의 대표자로서 정의와 인권을 짓밟고 범죄를 조장하며 조직을 지키라는 막중한 사명을 부여받은 것입니다.

나는

불의에 눈을 감는 비겁한 검사

사회약자에 매섭고 차가운 검사

오로지 거짓과 날조만을 만들어가는 편향적 검사

스스로에게 관대하고 남에게 엄격한 비뚤어진 검사

처음부터 혼신을 다해 조직을 지키고 선배검사님들을 섬기고 조직에 봉사할 것을 내 이름 석 자를 걸고 굳게 다짐합니다.라는 검사선서』를 망각하고 . 선배 검사님들을 섬기고 조직에 봉사하는 존경받는 쫄따구 신세가 되어 버리고 선배 검사의 명령에 복종만 하는 신세계에 들어가 자신이 품은 소신과 검사선서는 신기루가 되어버리는 것이 대한민국 최고 엘리트의 현실이다. 더구나 사건 처리건수는 미국, 독일에 비해 과도하고 이 마저도 상관의 의중대로 처리하여야 하기에 자신의 소신을 찬탈 당하는 곳이 판, 검사의 조직이다.

대한민국 법조계의 현실을 현실을 꿰뚫어 논하는 대목이 엘빈 토플러의 속도론(필자의 소견)에서 "법조계의 자동차가 시속 1마일로 달린다는 것이다. 이는 한시간에 1.6킬로, 1,600미터를 달린다는 것으로 어린아이의 걸음걸이 보다 못한 속도로 달린다는 것으로 그 이유는 늦게 달리면 달릴수록 돈 벌이가 되기 때문이다. 만약 빨리 달리면(혁신) 돈벌이가 되지 않기 때문이다.

그로 인하여 돈이 없으면 유죄이고 돈이 있으면 무죄라는 "무전유죄 유전무죄(無錢有罪 有錢無罪)" 권력이 있으면 무죄이고 권력이 없으면 유죄라는 유권무죄 무권유죄(有權無罪 無權有罪)는 " 고착화 되 버렸고 오직 대한민국에서만 존재하는데 심지어 상식이 되어있고 돈이 많으면 무죄이고 돈이 적으면 유죄라는 " 고금무죄 저금유죄(高金無罪 低今有罪)는 대한민국 변호업계를 대변하는 치욕적인 자구를 보편화 시켜 버렸다.

오로지 진실만을 따라가는 공평한 검사의 길은 있는가.

불의의 어둠을 걷어내는 용기 있는 검사,

힘없고 소외된 사람들을 돌보는 따뜻한 검사

대한민국 검사의 권한은 기소독점권, 수사권, 수사종결권, 공소취소권, 긴급체포에 따른 사후승인권, 체포, 구속, 피의자석방 지휘권, 경찰 수사지휘권으로 민주주의 최고 선진국인 미국. 영국, 프랑스, 독일에 비하여 엄청난 권한을 부여 하고 있다.

표에서 보듯이 기소독점권은 미국. 영국, 프랑스는 없으며 한국과 독일에만 존재하고, 수사권은 영국, 프랑스는 없으며 한국과 미국, 독 일에만 존재하고, 수사종결권은 미국. 영국, 프랑스는 없으며 한국과 독일에만 존재하고, 공소취소권은 프랑스, 독일은 없으며 한국과 미국, 영국에만 존재하고, 긴급체포에 따른 사후 승인권은 유일하게 한국에만 존재하고, 체포, 구속, 피의자석방 지휘권도 유일하게 한국에만 존재하고, 경찰수사지휘권은 미국. 영국, 프랑스에는 없고 한국과 독일에만 있다.

권 한	한국	미국	영국	독일	프랑스
기소독점권	O	X	X	O	X
수사권	O	O	X	O	X
수사종결권	O	X	X	O	X
공소취소권	O	O	O	X	X
긴급체포 사후승인권	O	X	X	X	X
체포,구속피의자 석방지휘권	O	X	X	X	X
경찰수사 지휘권	O	X	X	O	X

권한은 책임을 전제로 존재한다. 대한민국의 판,검사 권한은 권력화 되어있어 그 후유증은 참담하다. 대표적으로 기소를 하여야 하는 범죄일지라도 검사가 기소를 하지 않을 수 있는 절대적 권한을 부여 받았다. 이토록 막강한 권력을 가진 판, 검사 조직이 개혁을 한다고, 혁신을 한다고 즉, 빨리 달려야 할 이유가 없는 것이다. 책임이 따르는 권한이 아닌 권력을 내려 놓겠다고 할 이유가 없는 것 이 대한민국 판,검사 조직인 법조계이다.

노무현정부에서 검찰개혁을 시도하였다가 실패한 것은 당연한 일이다. 이명박, 박근혜정부에서 말도 꺼내지 못하다가 문재인정부 들어 강도있는 검찰개혁을 시도 하였지만 대통령이 임명한 검찰총장이 앞장서서 반대 하였다. 수십년 뼈속 깊이 각인된 권력을 일순간에 버리라는 것은 어불성설이다.

시쳇말로 자기 밥그릇 줄일 사람이 이 세상천지에 없기 때문이다.

해결책은 오직 대한민국의 주인이 부여한 권한을 국민이 거두어들이는 것이다.

국민이 판, 검사 권한축소를 입법하여 국민투표로 통과 시키는 길 뿐이다.

검찰의 권한을 축소한다고 하지만 법조계에게는 우이독경이고 국민에게는 혼란 만 가중시키고 말았다.

대표적인 것이 공수처 (고위공직자비리수사처)와 검경수사권조정법이다.

이 두가지 법은 앞서 언급한 바와 같이 판,검사 조직이 권한을 권력화 하고 그것으로 부패 되었기에 제정되었다.

고위공직자비리수사처는 공직자가 저지른 범죄를 단죄하는 또 하나의 검찰인데 수사대상은 대통령, 국회의원, 광역단체장, 광역단체교육감, 법관, 검사, 경찰(경무관 이상), 군인장성, 국정원(3급이상), 장관, 차관, 헌재재판관, 대통령비서실을 포함 약 7,300명과 그 부인을 비롯한 직계존비속 까지 어림잡아 5만명 정도의 권력형 범죄를 단죄하여 세상을 맑게 만들고자 한 것 이었다.

5만명 정도만 수사하는것 이 고위공직자비리수사처 이라는 이야기이다.

예수 그리스도께서 너희들 중 죄가 없는자, 이 여인에게 돌을 던지라 와 같이 누가 누구를 심판한다는 말인가 그것도 특정인만을 상대로 말이다. 검경수사권조정법은 무소불위의 판, 검사권력을 둔화 시키기 위하여 그 권한을 경찰에게 이양하고자 하지만 현재의 경찰능력으로는 부족함이 많은 것이 사실이다.

국민이 부여한 판,검사의 권한을 국민이 축소하는 국민입법을 국민투표로 통과시키는 것이 유일한 길이다. 이후에 대통령의 할일은 맑은 사람(깨끗한)을 위에 두면 아래가 모두 맑아(깨끗해)진다" 라는 거직조제왕(擧直措諸枉) 능사왕자직(能使枉者直) 이다

변호업계 또한 판,검사 조직과 별반 다를게 없는데 이를 바로 잡는 방법은 양형제 도입이다.

양형제는 똑 같은 방법으로 횡령이나 절도, 사기의 범죄를 저질렀을 경우 액수에 따라 형을 집행하는 규정을 만드는 것이다.

법률(律)을 제정한 최대 목적은 약자를 보호하기 위함이며 그 처벌에 있어 만인이 평등토록 집행하는것 이다.

논어에 이르기를 법률(律)을 제정하여 법대로 다스리면(法治) 백성은 법률에 정한 형벌로 질서가 자연히 유지되고 백성이 법을 어길 경우라 하더라도 정해진 형벌을 받는 것을 수치(羞恥)로 여기지 않는다 하여 도지이정(道之以政)하고 제지이형(齊之以形)이면 민면이무치(民免而無恥)한다는 성군의 정치를 21세기 대한민국에 시행하여야 한다.

정해진 법대로 다스리면(法治) 어느 누구도 불만을 가지지 않는다는 것을 금과옥조로 삼아야 한다.

이제 우리는 국가에 명령한다.

무전유죄 유전무죄, 고금무죄 저금유죄, 유권무죄 무권유죄의 질곡에서 너희의 주인을 구하라

정론직필 언론으로 다시 태어나라 명령한다.

언론의 최대 목적은 국민의 알권리를 보장하기 위하여 정보를 수집하고 정리하여 국민에게 있는 그대로 제공하는 것이다.

또한,

사건에 대해 해석하고 평가하여 국민에게 제공하는 것이다.

이는 언론이 금과옥조처럼 여기는 정론직필(定論直筆)이다.

언론 스스로 정론직필을 강조하는 것은 예나 지금이나 변한게 없다. 검증되지 않는 개인의 의견(私見)으로 공공의 위해를 끼치면 안된다는 것 또한 예나 지금이나 변한게 없다. 그러 하기에 남에게 구속을 받지 않고, 무엇에 얽매이지 않고 정보를 제공하고 있으며 상대나 사회구성원의 인권을 침해하거나 위해를 가 하여서는 안 된다는 것 또한 알고 있어 언론과 기자는 사회의 가치와 규범을 내면화하여 사회 구성원들에게 전달하고 사회 통합에 이바지하는 것을 목적으로 하기에 정론직필은 언론과 기자들이 금과옥조로 여기고 있어 국가와 국민은 그들의 고도의 도덕성에 찬사를 보내고 있지만, 일부 언론과 기자는 자유는 이웃과 국가에 불쾌함과 위해를 가지지 않는 선에서 행동하는것 이 자유임을 망각하고

이데올로기, 금전, 권력에 밀착하여 정롱직필의 붓을 꺾어 버린지 오래이다.

이를 알기 위하여는 대한민국 페이퍼 신문의 사훈(社訓) 등을 살펴 보아야 한다.

누가 무어라 해도 대한민국 대표신문은 1920년1월16일 창간한 조선일보, 1920년4월1일 창간한 동아일보이다. 특히 동아일보는 치욕의 일제감정기와 대한민국의 격변기를 고스란히 간직한 100년의 역사를 가진 대한민국 최고의 신문으로 일제강점기에 굴욕과 탄압을 받아가면서도 정론직필의 붓을 놓지 않은 신문이다.

해방 후 인 1946년 경향신문, 1954년 한국일보, 1965년 중앙일보, 1988년 한겨레신문, 1991년 문화일보가 창간하였는데 이 신문사 대부분은 창간 하자마자 정권과 유착하는 상업신문이 되면서 정론직필의 붓은 구색 맞추는 정도 였다고 하여도 과언이 아니다

대한민국의 페이퍼신문은 창간과정과 운영방법에서 성향이 잘 나타나고 있는데 조선, 동아는 일제 강점기인 1920년 조선총독부의 승인으로 창간하였기에 살아남기 위 하여는 신년 초에 일본천황의 부부사진을 실어야 했고. 경배 수준의 글을 써야 하였고 전쟁에 청년을 동원하는 홍보기사나 전쟁물자 공급의 필요성에 대한 홍보와 독려기사도 써야 하였다. 다시 말해 살아남기 위한 신문. 그럴 수 박에 신문이었다고 해도 무방하다.

손기정 일장기 말살 과 반일 행동으로 몇 번에 걸쳐 정간을 거듭하긴 했지만 식민통치 하 에서 독립운동. 대한민국의 자긍심을 살

리는 활동은 할 수가 없었을 것이고 결국, 일본의 이익과 신문사의 이익을 창출하는 사업?일 수 밖에 없는 상황이라 하여도 틀린 말이 아닐 것 이다. 해방 전까지 말이다.

경향신문은 천주교 서울교구가 창간하여 지금은 한화그룹 소유이며, 한국일보는 사주가 99%를 가지고 있는 신문이고 중앙일보는 삼성그룹 소유이고 문화일보는 현대그룹 소유로 이 신문은 재벌신문이라고도 부르고 있으며 동아일보는 사주가 약 76%를 가지고 있고 조선일보는 사주가 약 90%를 가지고 있고 한국일보는 사주가 약 99%를 가지고 있어 재벌신문과 유사하지만 특별히 족벌신문이라고도 부른다

각 신문마다 창간목적이 다르다는데 동아, 조선, 경향, 한국, 중앙, 문화신문사의 창간목적은 법에 따라 동일하지만 사주가 누구냐에 따라 다르게 나타난다.

그것을 한눈에 볼 수 있는 것이 사설(社說)이다. 한가지 사건이나 사안에 대하여 견해와 주장이 다른 것을 흔히 보와 왔는데 이는 정권과 광고에 유착되었다는 척도이다.

우리가 그토록 간절히 바라는 정론직필의 붓을 기대하는 신문은 조선일보와 동아일보이며 그중에 동아일보이다.

1920년에 창간한 동아일보는 일제강점기에 보스톤의 영웅 손기정

옹의 일장기를 삭제하는 등의 애국적 행동으로 정간을 거듭하며 혹독한 시련을 겪었고 해방이후에는 이승만 독선정부와 박정희 군부독재에 붓으로 항거하면서 처참할 정도의 고통을 받았다

박정희 군사정권이 모든 광고를 끊어버려 백지신문이 발행되어 운영을 할수 없는 지경에 이르자 독자들은 정론직필의 고마움에 쪽지광고를 실어주는 언론보호운동으로 회생시킨 신문이 동아일보이다. 다시 말하자면 동아일보는 민주시민, 민주국민의 신문이라 하여도 부족함이 없는 신문이기에 정론직필을 다시 바로잡을 대표신문은 동아일보이다.

동아일보가 우선하여 정론직필의 붓을 우뚝 꼽는다면 대한민국의 정치는 100점이 될 것이라 확신하면서 동아일보여 민주시민과 민주국민과 하나되는 정론직필의 신문이 되라고 요구한다.

상업신문은 정론직필의 악(惡)이다.

군부독재가 막을 내리고 서서히 민주주의가 정착되어가면서 아울러 경제 또한 기지개를 틀면서 신문사는 구독료와 광고. 신문 속에 넣어 배달되는 광고지로 수익이 늘어나 조선, 동아는 창간한지 60여년 만에 신문사의 봄이 찾아왔다.

일제강점기에는 그들의 눈치를 보며 생존 하여야 하였고 세계 꼴찌의 빈민국. 더구나 6,25를 거치고, 군부독재에서 혹독한 시련을 겪다가 처음 찾아온 신문사의 봄이었다. 군부독재에 항거하고 정론직필을 사명으로 여기며 민주주의를 염원하는 기자들은 떠났지만 새로이 입사한 젊은 기자들은 사주와 힘께 기업체에 좋은 기사

를 주고 광고를 받는 기브 앤 테이크 정신으로 수익을 창출하고 신문에 끼워 배달하는 전단지 수익으로 공룡신문이 되었지만 재벌 신문이 등장하면서 구독자의 변화가 시작되었고 정부와 기업광고 도 나누어 가지게 되었고 설상가상 지면광고 규정에 의해 광고를 전 같이 게재할 수 없는데다 홍보용 간지까지 제재를 받으면서 신문사의 봄은 하루 아침에 겨울이 되어 버리고 말았다.

신문판매 수익만으로는 유지하기 어려운 것이 신문사이다.

신문판매는 프린터 기기를 싸게 팔면서 잉크를 팔아 수익을 내는 방식과 비슷하다. 아니, 같다고 하는것 이 맞을것 이다.

한부에 월 15,000원을 받는다 할때 용지비, 인쇄비, 수송비, 배달비 와 지국의 수당을 지불하면 남는것 이 없다. 설령 남는다 하여도 그 금액 가지고 거대한 신문사 조직을 운영하기에는 역부족이다.

그럼에도 수익을 내는것 은 본전 정도의 금액으로 프린터 기기를 팔고 잉크를 팔아 수익을 내는 프린터 판매처럼 신문사는 신문이 프린터, 잉크는 광고로 보면 된다. 결국 신문사는 광고가 생명줄이 기에 광고에 매달릴 수 밖에 없는 것이 신문사이다.

이러한 약점을 이용하여 동아일보 광고를 전면 차단하여 백지신문 사태를 유발하여 언론 길들이기를 한것 이 군사정권이다.

조선, 동아가 그토록 구독자의 사랑을 받았던것 은 일제와 독재에 항거하고 정론직필을 고수한 언론의 사명감에 감동하였기 때문이

다

새벽에 "신문이요" 소리를 듣는 것이 반가웠고 출근시간이 지날 때 까지 오지 않으면 찜찜한 마음으로 출근을 하도록 한 것이 조선, 동아일보 이었다.

민주시민이. 민주국민의 신문이 조선, 동아이었다.

대한민국 국민이 자랑스러워 하던 조선, 동아이었다.

당신께서 반일, 반독재에 항거하여 쓰던 정론직필의 붓을 다시 든다면 이는 백지신문의 은혜를 갚는 것이며 30점 대한민국 정치를 100점으로 만드는 것이며 당신들을 아끼고 사랑했던 국민을 행복하게 만드는 것임을 말하고자 한다.

회사와 공생하는 노동시장을 명령한다.

노동자는 국가번영의 역군임을 대한민국 누구도, 세계 어느나라 국민도 이를 부정하지 않는다

노동자인 우리와 우리의 아들과 딸, 우리의 손자손녀들과 이들의 역동성을 보호하고 아끼고 사랑한 애국적 기업이 있었기에 10대 경제부국 5대 국방강국 대한민국에 살고 있다.

이들 기업은 노동의 가치를 인정하고 배려하고 노동자는 기업의 존재가치를 인정하여 노동자는 회사를 먼저 생각하고 회사는 노동자를 먼저 생각하는 사선노후 노선사후(社先勞後 勞先社後)의 정신이 세계 최하위 빈민국을 10대 경제부국, 5대 국방강국를 만들어낸 원동력이 되었다. 우리는 그런 기업을 꿈의 직장이라 부르고

노동자는 대한민국의 성장동력이라 하고 역군이라 부른다.

그럼에도 불구하고 대한민국이 더 이상 성장하지 못하고 있는것은 대한민국 최고무기인 기업과 노동의 최고 덕목인 사선노후 노선사후(社先勞後 勞先社後)를 외면하고 자신만 잘 되면 된다라는 사고를 가진 회사와 노동자들이 잇는 회사 때문입니다.

이러한 형태가 나타나는곳 은 족벌과 정치권력이 독점적으로 운영하는 협력업체로 이들은 노동력의 가치보다 돈의 가치에 치중하고, 회사가 있음으로 노동자가 존재한다는 주장을 하는 회사. 노동자가 있음에 회사가 존재 한다를 주장하는 노동자가 있는 회사로서 이러한 회사는 노사공생과 노사간의 도덕성은 철저히 외면하는 실정입니다. 더구나 일한 회사는 일자리 만 있으면 노동자는 걱정하지 않는다는 그릇된 사고로 일용직 우선주의와 생산 우선주의에 치중하여 노동의 가치를 훼손하고 한달 동안 이자를 내어 살아가는 노동자를 이해하기는 커녕 본사의 제품대금 지급이 늦어지는 손실을 노동자에 전가하여 인간의 삶의 가치까지 훼손하고 있으며 하루 종일 일을 한 소에게 빈 달구지를 끌게 하고 농부는 소의 고마움에 힘 들어도 지게에 짐을 지고 가는 아름다운 덕목과 노선사후 사선노후의 덕목, 노동자가 있음으로 회사가 존재한다는 덕목을 훼손하고 있는 실정입니다.

이러한 회사의 노동조합은 노태우정부에서 제정된 노동자는 천국이고 기업에게는 지옥같은 노동관계법에 심취하여 노동자가 있음으로 기업이 존재한다는 아전인수식 사고가 각인되어 세계시장 진출에 걸림돌로 작용되고 정치세력화 하여 노동시장의 혼탁을 야기하고 있습니다.

내(회사)가 있기에 너희(노동자)가 있다 라는 사고를 가진 기업인 여러분, 노동자가 있음으로 회사가 있다는 사고로 전환되어야 합니다.

내(노동자)가 있기에 네(회사)가 있다 라는 사고를 가진 노동자 여러분, 회사가 있음으로 내가 있다는 사고로 전환되어야 합니다.

회사도 살고 노동자가 같이 사는 길을 찾아야 합니다.

노사공생(勞社共生) 입니다.

회사와 노동자 여러분 노선사후 사선노후(勞先社後 社先勞後)의 덕목을 견지 하여야 합니다.

10대 경제부국에서 5대 6대 경제부국으로 가는 길입니다.

여러분의 아들딸, 손자손녀들이 행복하게 이 땅에 살수 있는 길입니다.

대한민국 국민의 최대 장점은 배려와 사랑입니다.

아카데미 문학상을 받은 펄벅여사가 우리나라 극찬하는 daud한 일화를 소개하면서 여러분에 대한 요구를 마치고자 합니다.

펄벅여사가 중국을 방문하고 대한민국이 동방에의지국이라 하여 왜 그러한지 궁금하여 우리나라 경주 근방을 바움하였는데 해 질

무렵 한 농부가 달구지를 끌고 지게에 짐을 지고 가는 한 농부를 보게 되었는데 소가 끌고가는 달구지는 빈 달구지 였고 농부가 진 지게는 짐이 있어 펄벅이 하도 신기하여 농부에게 묻기를 "농부님 달구지가 비어서 농부님의 짐을 실을수 있고 농부님도 타고 되는데 왜 고상을 하시고 있습니까 라 묻자 농부가 답하기를 소가 하루종일 힘들게 일을 하였는데 내가 지고가도 되는 짐과 내몸까지 소에게 맡긴다는것은 사람의 도리가 아니라 생각하기 때문입니다. 라 답하여 펄벅은 동물 까지도 배려하는 나라가 대한민국이기에 동방예의지국이라 불리는것 이구나 하며 감탄하였다 합니다.

회사는 노동자의 짐을 저주고. 노동자는 회사의 짐을 저주는 그런 나라 만들고 싶고 않으십니까?

출산이 곧 국력이다.

청년이 걱정없는 대한민국을 명령한다.

미국, 러시아, 중국의 80~100분의 1밖에 되지 않는 작으마한 대한민국이 미국, 중국, 러시아와 맞먹는 경제부국이 된 원동력은 이 땅의 젊은이가 맨땅에 헤딩하듯 연구,개발하고 기업은 그들의 역동성을 보호하고 아끼고 사랑하였기 때문이다. 대한민국이 글로벌 시장에서 우뚝서고자 한다면 애국적 기업도 중요하지만 더욱 중요한것은 젊은이 임을 부정할 사람은 대한민국에 한사람도 없을것이다.

10대 경제부국. 5대 국방강국을 유지하고 나아가 더 높이 날려면 젊은 국가원동력을 꾸준히 양산시켜야 하는것 을 부정할 사람은 없다.

젊은이의 수를 유지하는 길은 출산이란점도 부정할 사람은 없는데 대한민국의 현실은 젊은이는 결혼을 두려워 하고 포기하는 지경에 이르렀다. 부모의 고혈로 대학과 병역을 마치고 나면 눈앞에 닥치는 것은 대학 시절 대출받은 학자금 이자에 대한 부담, 주택에 대한 부담, 육아에 대한 부담, 교육에 대한 부담, 부모님에 대한 부담. 그리고 비 근로자에 대한 부양에 대한 부담감이다.

출산율 저하 지수와 부양 책임 지수

2020년 기준 대한민국의 인구는 50,000,000명 이며 출산율 년 0.9% 사망률 년 0.07%이다. 2020년의 0세부터 19세 인구는 9,000,000명 이었는데 연 0.07%가 사망하고 년 0.9% 출산을 하였을때 0세부터 19세 인구는 1,000,000명이 줄어든 8,000,000명으로 12.5% 줄어들며 2020년의 20세부터 64세 인구 34,932,000명 이었는데 2040년에는 10,000,000명이 줄어든 25,300,000명(2020년 0세-44세 인구수)으로 30%가 줄어든다. 이 수치는 국가원동력이 줄어드는 수치이다.

출산은 곧 국력으로 직결되고 국민의 삶과 직결된다.

대출 학자금 이자, 주택마련. 육아, 교육에 대한 부담이와 또다른 부담은 부양책임지수 증가인데 이는 납세와 연결되어있다.

근로자가 납부한 세금으로 비 근로자를 부양하여야 하는데 2020년의 부양인수는 노동력이 없는 65세이상 7,800,000명, 0세부터 19세 9,000,000명 총 16,800,000명 이고 세금납부자(근로자 이며 부양책임자)는 34,932,000명으로 일인당 부양지수 가 0.5인 이었으나.

2040년의 부양인수는 노동력이 없는 65세이상이 13,200,000명 늘어난 21,000,000명 0세부터 19세 8,000,000명 총 29,000,000명 으로 세금납부자(근로자 이며 부양책임자)는 25,300,000명으로 줄어들면서 일인당 부양지수는 1.1인이 되기에 결혼을 포기하는 청년이 증가하고 전세라도 몸 누일곳 을 마련하여 결혼을 하였다 하여도 육아와 교육문제로 출산을 기피하고 있는 것이다.

국가적으로 더 더욱 심각한 문제는 노동력이 34,000,000명에서 25,300,000명으로 약 30% 줄어든다는 것으로 생산하여 수출하는 수출의존국인 대한민국 원동력이 약30% 감소하게 된다는 것이며 이는 대외수익이 그 만큼 감소하여 국민의 삶의 질 또한 저하된다는 점이다

이 문제를 해결하기 위하여 .저출산 고령화, 저출산 고령화라고 십여년전 부터 외치지만 청년부채, 직장, 주택, 육아, 교육에 대한 해결책은 지자체 책임으로 출산비용, 육아비용을 지원을 하고 있지만 근본적인 책임자인 국가와 정치는 여전히 뒷짐을 지고 있다.

필자가 "국력증진과 출산"의 국회토론회를 개최하여 청년들의 사회적, 경제적 문제를 해결하는 방안을 제시한 바 있는데

-. 청년부채 해결방안

-. 건축법을 완화한 청년주택단지 조성방안

-. 육아비 바우처제 실시방안

-. 돌봄서비스 방안이다.

 이 네가지 정책은 하나의 시스템으로 움직이는 일란성 정책이어야 한다는 것을 강조한 바 있다.

-. 청년부채 해결방안으로는 미혼남녀에게 대학학자금을 비롯한 민생대출금에 한하여 3~5년 간 이자를 동결하고 그 기간내에 원금만을 상환토록 하고 통장(카드)은 하나 만 사용토록 하는 청년부채 특별법 제정이다

-. 청년주택 해결방안으로 건폐율, 용적율, 사선(일조권), 녹지비율을 완화하여 방3개, 거실1개, 목욕실, 화장실, 분장실이 있는 실내면적 약45m2 (15평)의 반영구임대주택을 조성하는 청년주택단지조성 특별법 제정이다.

-. 육아비용을 지원하는데 있어서 현금을 지양하고 주민복지센터를 중심으로 바우처 육아용품점을 두는 육아비용 바우처 제 특별법 제정이다.

-. 주민복지센터와 공동주택에 전문성 있는 주부를 활용하여 10시간 가량 운영하는 돌봄서비스 제도의 도입이다.

청년(신혼) 영구임대주택은 단체장의 의지에 달려있다.

청년(신혼) 영구임대주택을 서울시(박원순시장)와 충청남도(양승조 도지사)가 월 임대료를 서울 700,000원 충청남도 300,000원으로 하

여 전국 최초로 계획을 하였고, 서울은 주택사업자 중심으로 충청남도는 자체사업으로 시작하여 서울은 포기하고 충청남도는 계획대로 준공하였다. 특이한 점은 월 임대료가 300,000원 이지만 자녀가 하나 이면 150,000원, 둘 이면 임대료를 내지 않도록 조치 하였다. 이는 출산이 곧 노동력이고 노동력이 국력임을 너무나 잘 알고 있는 단체장의 정치가(政治家) 정치적 소신이 있기에 가능한 일이다.

대한민국 국민의 삶은 왜 피곤한가.

우리의 삶을 살펴보면 어머님 아버님이 우리를 낳고. 만 7살에 초등학교(국민학교)에 들어가 만 12살에 졸업하고 만13살에 중학교에 들어가 만15살에 졸업하고 만16살에 고등학교에 들어가 만18살에 졸업하고 만 19살에 대학에 들어가 만 22세에 졸업한다. 대학을 졸업하고 군대에 가서 2년 복무하고 사회에 진출하여 직장을 잡아 돈을 벌어 결혼하고 아이를 낳고 그 아이는 어머님,아버님과 같은 삶을 반복하는것 이 일반적이다.

그런데, 만 19살에 대학에 들어가 학교 교육중에 군에 입대하여 군복무를 마치고 복학하는 학생들은 대부분 병역을 마치고 군대 입대 전 하였던 교육을 다시 하는것 이 통상적이다.

이 경우 부모는 또다시 수업료, 생활비 부담에 시달려야 하고 군에서 인식한 부모님의 효도와 각자도생의 깨달음으로 아르바이트와 교육을 병행함으로서 전문교육보다는 취업교육에 중점을 두는 것이 통상적이다. 열심히 아르바이트를 하여 대학을 졸업하면 본

격적으로 취업전선에 뛰어드는데 취업율은 보통 3~40% 선이다.

나머지는 편의점이나 커피점 또는 식당에서 아르바이트 하거나 전화나 외부 상품종사업에 일을 하면서 일자리를 수소문하고 일부는 고시방에서 공무원 시험준비를 하는데 그 마저도 마땅치 않다, 이러한 젊은이는 24살 정도에 병역과 대학을 마치고 가까스로 년봉 2,000만원 짜리 취업을 하기까지 4~5년혹은 30살까지 걸리는 젊은이는 그나마 행운아? 이다.30살에 취업하여 학자금대출이자를 갚아나가며 팍팍한 삶은 사는데 설령 결혼상대가 있다해도 부모님의 도움없이는 전세주택도 결혼비용을 충당할 수가 없는것이 대한민국 젊은이의 실상이다.

30살에 취업하여 전세집이라도 장만하려면 두 연인이 허리를 졸라매도 3~4년 걸린다. 그리고 정상적으로 1년후에 아이를 출산하면 그 때 나이는 35살이다.

결국 자식으로서 35년을 살고 부모로서 35년을 희생함으로서 대한민국 국민의 삶의 주기는 70년이 된다.

나이 70.

인생은 70 부터라 하는데

70세가 되신 여러분. 지금 여러분의 삶은 어떠신지요,

70세 부터 79세 까지 3,800,000 분입니다. 항시 약 보따리 끼고 사시지는 않으십니까? 쉰다는 생각을 해보셨습니까? 자식들이 돌본다고 자식 집에 오셔서 살으시라 한다고 자식집에 사시고 계십니까?

아버님이 낳으시고 어머님이 기르시고(父 兮生我 母 兮鞠我) 35년, 부모가 되어 자식을 위하여 35년, 결국 대한민국 국민은 70년 이라는 긴긴 세월을 고단함에 살다가 제대로 된 인생을 살아보지 못하고 세상을 떠나는 것이 바로 우리 입니다.

국민 대부분의 삶의 주기는 70년 이라는 이야기입니다.

*2022년 70~79세 3,800,000명. 80~89세. 1,934,000명 90~99세 272,000명. 100세 이상 7,700명.

국가는 국민의 삶의 주기를 단축하여 국민의 행복한 삶을 보장하여야 합니다.

위에서 살펴본 삶의 주기를 저해하는 요인은 두가지 입니다.

하나는 대학교육기간에 병역을 하여야 하는 문제. 또 하나는 취업입니다.

초등학교는 5년이면 충분 합니다. 이성, 체력위주의 교육을 떠나 지금 같은 암기식, 진학식 교육이라도 충분합니다. 중학교 3년, 고등학교 3년 도 마찬가지 입니다. 중고등학교를 병합하여 5년이면 충분 합니다. 대학도 그렇습니다. 의과대학이나 법과대학 같은 특정학과만 제외하면 3년이면 충분하기에 6-3-3-4 교육편제를 5-5-3 편제로 변경하여도 교육에는 아무런 문제가 없다는 것입니다.

초등5년- 중고등5년-대학3년 으로 하는 5-5-3 교육편제 일 경우 국가적 국민적 이득이 무엇인지 살펴보고자 합니다.

만 6살에 초등학교에 입학하여 10살에 졸업하고 만丅11살에 중고등학교에 입학하여 15살에 졸업하고 만16살에 대학교에 입학하여 18살에 졸업하고 만 19세에 군에 입대하여 20살에 제대하게 됩니다.

대학교육기간에 군 입대를 하는 젊은이가 없어지고 복학함으로서 발생하는 부모님과 학생의 정신적. 시간적, 물질적 손실은 아예 없어지게 됩니다.

취업의 문제는 후에 말씀드리겠습니다.

중학교와 고등학교를 5년제로 하여 중고등학교로 두 학교를 통합하였을때 서울시의 경우. 활용할 수 있는 학교의 수는 특목중,고를 제외하고 약 250여개 입니다.

250개 학교 부지에 초등학생부터 중,고등학생이 있는 가정에 중,고등학교 졸업 시 까지 사용하는 가칭, 학부모전용임대주택을 제공할 수 있는데 각 부지에 800 세대라 하여도 200,000세대를 공급할 수 있습니다.

초등학생, 중고등학생의 세대수는 각각 200,000세대이기에 서울시에서 초,중고등학교를 다니는 가정의 주택문제를 50% 해결할 수가 있습니다.

막내가 대학교에 들어가면 나가야 되겠지요?

또 다른 이득은 교육이 16년에서 13년이 됨으로서 3년의 교육비 부담을 줄일수 있습니다.

교육과 병역을 마치는 만 21살 젊은이의 취업문제입니다.

먼저 뿌리를 내린 "대학을 나와야 중산층으로 산다"는 그릇된 부모님의 사고를 바꾸지 않는다면 취업을 논하기 어렵고 아무것도 바꿀 수 없습니다.

초등학교에서는 인성과 체력에 중점을 두고 인간이 인성이 정립되는 중학교에서는 이성과 체력의 완성에 중점을 두고 고등학교에서는 적성을 개발하고 대학교에서는 적성을 완성하는 교육에 중점을 두어 자신의 적성에 마주어 직장을 잡도록 하는것 입니다.

병역을 마친 젊은이는 국가가 숙식과 교육비를 제공(무이자 대출)하는 특성대학(연 평균 600,000명 평균 100,000명)에 들어가 실무를 배우게 한다면 기업 스스로 채용할것은 자명합니다.

대학을 진학하지 학생 또한 특성대학에 포함 하면 됩니다.

정부가 책임지는 숙식과 교육비의 무이자대출 문제는 특성대학생을 상대로 청년은행을 설립하여 기업에서 의무적으로 지출하는 기부금. 기업의 무이지 출자금. 국민의 무이자 출자금으로 운영하는 방안입니다.

특히, 제조기업이 근로자를 채용하여 수개월 비용을 부담하여 교육비를 지출하여야 하는 수고를 덜 수 있어 기업에게는 아주 좋은 방법이 되기 때문입니다.

충청남도 당진의 당진제철고 , 경상북도 포항의 포항제철고가 좋은 예 입니다. 또는 삼성장학생? 도 마찬가지 이구요.

5-5-3 교육편제와 특성대학이 도입될 경우 기존의 35년이 10년 정도 줄어들어 자식으로서 25~27년. 부모로서 25~27년이 되어 대한민국 국민의 삶의 주기는 50~54년이 됩니다.

50~54세가 되면 자식 걱정 없는 인생을 살게 될것 입니다. 이 나이에는 몸도 정신도 건강하기에 즐겁고 행복한 삶을 최소 4 ~50년은 살 수 있다는 것 입니다.

주택문제 입니다.

주택(住宅)은 사람이 먹을것 을 만드는 시설(주장)이 있으면서 편히 누을 수 있는 건물을 말합니다.

주택의 사용자는 교육과 병역을 마친 사회초년생인 미혼의 젊은이. 신혼의 젊은이. 학생이 있는 학부모. 자식을 여의고 난 후에 자식과 함께 살거나 부모님이 사는 주택으로 구분하여 논하는것이 바람직 합니다.

특히 대학생활에서 기숙사 문제도 있습니다.

자식을 여의고 난 후에 자식과 함께 살거나 부모님이 사는 주택은 뒤에 거론하겠습니다.

대학교의 기숙사

대한민국의 대학생은 전문대(2년) 576,000명. 일반대(4년) 1,968,000명으로 총 2,544,000명 입니다.

대학교는 대부분 외곽이나 지방에 있어 집에서 왕복 60~80분에

통학하는 학생은 10% 정도이고 왕복 120~180분 걸리는 학생이 40% 정도 그리고 절반은 학교 근처에 원룸을 이용하거나 기숙사를 사용합니다.

부모들은 우리의 아이가 공부를 하러 다니는 것인지 고생을 하러 다는지 안쓰러워 젊어서 고생은 사서한다고 위로 하지만 속마음은 그게 아닙니다. 그렇다고 학교 인근에 원룸을 얻어 주면 방탈할까봐 항시 불안한것 이 사실입니다. 모든 부모가 그렇습니다.

안전한것 이 기숙사 인데 대학생 총수에 비하여 턱 없이 부족합니다.

답이 나오셨나요?

대학교에 기숙사를 시설하는것 입니다.

그러나 학교 재정상 불가능한 학교도 있고 도심의 대학교는 부지가 없거나 토지의 고비용으로 교육을 기업으로 여기는 실정을 감안하면 이들 대학은 타산이 맞지 않기에 학부모들에게는 화중지병일 뿐 입니다.

결국, 만년지대계의 정책으로 국가 가 할 수 밖에 없습니다.

정부 책임으로 대학기숙사 건설 특별지원법을 제정하는 것입니다.

부수적으로 우리 아이들이 교통지옥에서 벗어나고. 우리의 자식 걱정을 해소하고, 절약한 통학시간 만큼 공부하고, 충분한 여가를 즐기는 것을 얻을 수 있습니다.

미혼 청년주택

대학과 병역을 마친 사회초년생을 위한 특별주택으로 건폐율, 용적율, 사선, 녹지비율을 완화하는(일반적으로 100세대 부지일 경우 약 120~130세대 건축) 청년임대주택특별법을 제정하면 됩니다.

기초단체를 기준으로 1년 1단지로 3년 정도 건축하면 청년들의 주거문제를 해결할 수 있을것 입니다.

기초단체 거의가 각종 단체가 입주한 약 300여평의 1~2층 소형 건물이나 노후건물을 이용하는것 입니다. 1층에는 단체가 사용토록하고 2층부터 청년주택으로 사용하는것 입니다. 관리 또한 지자체가 하구요.

대지가 500평일 경우 건폐율 60%. 용적율 300%로 할때 1,500평을 5층으로 건축하게 되는데 1층 300평은 단체가 사용하고 청년(신혼)이 12평으로 하여 100명이 살수 있고 어린아이를 감안하여 15평으로 할 경우 80명이 살수 있게 됩니다.

이를 지자체 중심으로 매년 1개동 씩 3년동안 실행하여 서울시 25개 기초단체를 에를 들면 12평 주택 25 단체 x 년 100 세대 x 3년 = 7,500세대. 15평 주택일 경우 25 단체 x 년 80 세대 x 3년= 6,500세대 가 가능하여 서울시 6,500~7,500명의 주택문제를 해결할 수 있습니다. 결혼을 할 경우 13,000~15,000명의 젊은이의 주택문제가 해결됩니다.

입주기한은 아이가 초등학교 입학시기로 합니다.

학부모가정의 주택문제

청년(미혼) 주택의 입주기한이 초등학교 입학시기라 강조한것 은 초등학교 입학 부터는 학부모주택이 있기 때문입니다. 앞서 언급한 바와 같이 6-3-3-4 교육편제를 5-5-3로 변경할 경우 서울시의 경우 중고등학교 통합 시 남는 학교부지에 200,000 세대를 짓는다면 서울시 초,중고등학교 학생가정 주택문제를 절반정도 해결할수 있습니다.

청년(미혼) 주택에서는 아이가 초등학교 입학 시기에 퇴거하여 학보모전용임대주택으로 입주하여 막내가 대학을 졸업하면 퇴거하도록 하는 것입니다.

대학생은 기숙사. 미혼청년과 유아부모는 청년주택, 초중고등학생 부모는 학부모전용주택을 제공하여 주택걱정 없는 대한민국 만드는 것입니다.

학부모전용임대주택 이후는 주택문제 편에서 말씀 드리겠습니다.

주택부(장관) 신설을 명령한다

내 집을 가지려는 욕망은 사랑하는 가족의 안락한 쉼터를 확보하려는 인간의 본성이다.

자신의 능력에 따라 넓은 집을 가지려는 것 또한 그러하다.

자본주의 국가이고 능력이 다 다르기에 넓은집 에 사람이 있고 여러 채를 가진 사람이 있는 반면에 좁은 집에 사는 사람이 있고,

이도 가지지 못하여 전세에 사는 사람, 이도 부족하여 전월세에 사는 사람이 있다.

대한민국 주택문제가 망국병에 이르게된 동기는 무엇인가에 살펴 보면, 주택을 장만할 능력이 있는 가정보다 신규주택건축의 수요와공급의 불균형 과 불균형으로 부족한 공급량을 이용한 주택투기 입니다.

전자의 경우 수요와공급을 맞춘다는 명분으로 주택건섫상한제를 실시하여 가격이 상승하는 폐단을 초래하였고 아울러 기업유치에 걸림돌이 되었습니다.

공급이 원할하지 않음으로서 분양사업자와 공모하여 분양을 받아 프리미엄을 붙여 되팔아 수익을 챙기는 복부인이 활개를 치면서 주택문제는 망국병으로 치달아 오늘에 이르렀습니다.

국가의 기본책무인 국민의 의,식,주 문제에서 주(住宅) 정책을 등한시 한 결과입니다.

주택부(장관)는 건설교통부의 일개 부분으로 관리한 정부의 그릇된 행정입니다.

인간은 주택을 가지고 태어나지는 않습니다. 태어나 부모에게 받는 일부의 부자가정의 자녀들을 제외하고는 거의가 스스로 돈을 벌어 집을 장만하는데 대부분 월세(일년치를 한번내는 삵을세) 에서 시작하여 전월세(보증금과 월세). 전세(보증금만 내는)를 거쳐 주택을 마련합니다.

그러나, 인간이 능력이 다 같을 수 없기에 어떤 사람은 죽을때 까지 자신의 집을 장만하지 못하고 월세나 전월세에 살게되는데 더구나 상업화된 교육으로 인한 교육비 부담과 전월세 부담의 고민으로 자기 집 장만은 요원합니다. 이러한 국민의 주택문제를 해결하는 방법이 임대주택정책입니다. 전체국가 가 시행하는 기본적인 정책이지요.

그렇지만 대한민국의 살림살이가 덕덕치 못한 상황에서 공공임대주택을 건설하기에는 역부족이었습니다.

1980년 후반에 들어서 공공임대주택(주공아파트)을 공급하였지만 이는 대개 5년이상 거주하면 분양으로 하는 주택이었습니다.

이 마저도 일부분은 복부인이 개입하여 분양을 받아 월세를 받는 사업이 되어 버렸습니다.

10대 경제부국, 5대국방강국이 되면서 국민소득이 3만불 시대에 돌입한 대한민국 입니다. 살림살이는 넉넉하지 않더라도 월세나 전월세에 살면서 고통받는 무주택국민의 주택문제를 해결해 주어야 됩니다. 정부주도의 공공영구임대주택이 답 입니다.

지금까지 주택의 문제를 살펴 보았는데 학제개편으로 순조롭게 대학과 병역을 마친 젊은이가 자신의 특성에 맞는 직업교육을 이수하고 취업하여 결혼을 하고 아이를 낳고 키우는 삶에서 청년(신혼)임대주택. 학부모전용임대주택에 이어 이후에 언급한 공공영구임대주택을 필요로 하지 않는 즉 자신의 집을 장만할 능력이 있는 국민의 일반분양주택의 문제를 살펴보면 분양가와 투기 그리고 정치인(담당공무원)과 결탁한 건축사업자 입니다.

분양가는 시행사업자가 산출하여 제출하면 관계공무원(지자체장)의 승인으로 책정하는데 여기에 함정이 있다.

고양시의 한 시행사업자와 관계공무원의 일화에서 그 답을 쉽게 찾을 수 있는데 평당 1,500만원으로 신청한것 을 공무원이 정산하여 평당 1,100만원으로 결정하였는데 1,100만원에 분양하여도 이익이 남았다는 것이다. 고양시 공무원의 결정이 올바른 주택분양가 였다는 점에서 시행의 전문성을 가진 청렴한 공무원이 필요하다는 것을 절실히 필요한 이유이다.

지자체 공무원의 전문성과 청령성을 유지 하기 위하여는 지자체 단체장(정치인)의 재량을 지양하여 정부(주택부) 주도의 분양가 메뉴얼을 책정하는것이 바람직하다.

분양가 책정에서의 또 하나의 함정은 표준건축비와 가산비입니다.

분양가를 산정하는 요소는 택지비. 표준건축비. 가산비 입니다.

가산비에는 토지비,건축비와 사업기간의 금융비와 제반설계,감리비용. 등기비용.시행사의 추진비와 이익금 등 을 합산하여 책정하는데 2022년6월21일 발표한 분양가제도 운용합리화 방안을 보면 추진과정에서 발생하는 주거이전비, 이사비, 영업손실보상비, 명도소송비, 이주비 금융비, 총회 등 필수 소요경비를 택지 가산비에 추가하고 있습니다. 분양가는 당연히 상승하겠지요?

건설사 만 땡 잡는거지요.

그러나 걱정할게 없습니다.

아파트는 이미 포화 상태이기에 아파트(주택)는 투기의 대상이 아니라 우리 가족의 쉼터로 한 가정에 하나만 잇으면 되는 필수품이라는 인식을 가지면 걱정할것이 없다는 이야기 입니다.

그러나

혹시 모르기에 분양가의 문제점은 아시고 있는것이 좋습니다.

서울시의 경우 토지가격이 올라 외곽으로 이동하는 상황이고 건물이 노후되어 재건축을 하여야 하기에 그 집을 장만하는 사람으로서 말 이지요

이렇게 설명를 하면 쉽게 이해가 될것 같은데요

정주영회장과 이명박 전 서울시장이 대통령후보 공약으로 반값 아파트를 말씀하셨는데 공약(公約)인지 공약(空約)이었는지 살펴 보겠습니다.

아파트(공동주택) 사업은 크게 분류하여 사업계획, 토지매입, 건축허가, 토목공사, 건축공사, 준공허가, 분양의 단계를 거치는데 사업계획, 토지매입, 건축허가. 분양 과정은 시행사가 하고 공사는 시공사 가 합니다.

시행사 비용은 어느 지역이라도 대개 비슷하지만 토지의 상태에 따라 지질에 따라 토목 ,건축공사비용. 시공사 브랜드에 따른 금액이 다르기에 토지금액이 같다 하여도 지역마다 분양가가 다르게 되는것 입니다.

같은 재료, 같은 인력을 사용하는데도 시공사의 평당 건축비가 다른 것은 1군 2군 건설사 즉 브랜드는 건축비용을 일반적으로 표준 평당 6,500,000원을 적용하는데 3군 이하의 건설사는 대부분 평당

4,000,000원 으로 평당 2,500,000원의 차이가 있습니다. 다만, 내부 시설에서 중,고급 차이가 평당 1,000,000원이라 하여도 1,500,000원 차이가 나는데 이러한 아파트가 30평 이라 할 경우 45,000,000원을 더 내고 사는것 입니다. 물론 좋은 학군과 좋은 환경. 좋은 사회 인프라도 있습니다.

시행사는 일반적으로 택지대금. 택지조성비용, 운영비용, 토목비용, 건축비용과 이에 따른 은행이자 등을 포함한 금액을 **전체 사업비** 로 책정하고 책정한 금액을 기준으로 마진을 계산하여 합산한 금 액을 분양가로 책정하는데 이 대목에서 입주자는 은행금리를 부담 하고 부담한 은행금리를 포함한 시행사 이익을 또 부담한다는 것 입니다. 즉, 은행금리의 중복지출입니다.

자신의 돈으로 자신의 집을 지을때는 은행금리를 생각하지 않지만 시행사는 은행이라는 남의돈을 끌어다가 집을 짓기에 당연히 입주 자가 부담하는것 이 맞습니다. 설령 시행사 돈으로 집을 다 짓고 분양한다고 하여도 사업자 측면에서 이자를 계산하는것은 당연하 구요. 하지만 중복부담은 잘못 된것 입니다.

거기에 주택 투기꾼에 당하는 프리미엄 까지 따지면 지금 까지의 입주자는 호갱이 된것입니다.

호갱이 또 호갱이 되는 부분이 있습니다.

사업계획(설계 등). 토지매입. 건축허가를 득하고 분양하는 선 분 양 아파트의 입주자가 10%를 계약금으로 60%를 중도금으로 30% 는 입주시 지불조건이 일반적 입니다. 입주자의 돈 60%는 당연히 공사금으로 사용하여야 하는데 공사비는 일괄적으로 은행대출금으로 시공사로 입급되기에 계약금은 그렇다 쳐도 중도금 이자는 입주자 부담이 되고 있습니다. 토지비용. 공사비용의 은행이자분에 대한 시행사 마진을 지불하고 중도금의 이자분을 부담하는 모순을 해결하는 방안이 반값 아파트 공약입니다.

만약,

부지는 정부(지자체)가 제공하거나 확보된 토지에 입주자들이 건설하는 조합아파트 라면 토지매입비용. 분양비용의 부담은 없어집니다. 계약금, 중도금(70%)으로 모든 공사를 마무리 할 수 있어 부지 또는 토지에 대한 은행이자를 절감할 수 있습니다. 여기에 같은 재료, 같은 인력으로 공사하는 3군 업체(일반 종합건설사)를 통하면 꼭 반값는 아니더라도 40% 이상 싸게 지을 수 있습니다.

정주영, 이명박 대통령후보의 반값아파트 公約은 空約이 아닌 실현 가능한 公約입니다.

주택 만큼에서는 투기가 근절되는 세상을 보고 싶습니다.

돈 가지고 손에 물 안묻히고 돈 버는 사업?이 되었습니다.

분양사업자의 정보만 필요합니다. 전화 아르바이트를 모집하여 요즘도 활개를 치는 사업?입니다.

일단 분양하여 프리미엄을 붙여 집하나 장만하려는 사람들의 주머니를 터는 사업이지요

요즈음은 실 수요자 입주를 권장하면서 투기군을 색출하기에 갭투자 형태로 발전하였지요

주택투기가 발생한 요인은 수요와 공급의 불균형과 자기집을 갖고자 하는 욕구가 충만하기 때문이라 언급하였습니다.

서울시의 경우 주택은 3,680,000채 이고 세대수는 3,840,000 가구로 주택 보급율은 97%로 집이 없는 세대는 160,000가구 입니다.

그런데 1,700,000 가구는 전월세입니다. 집이 없는 160,000 세대는 당연히 전월세에 살아야 됩니다만 나머지 1,640,000세대도 집이 없다는 이야기 입니다. 결국 1,700,000채의 소유자는 1가구 2 주택자 이상이거나 임대사업자의 주택입니다.

그럴망정 정부가 해결하지 못하니 돈 있는 사람이 월세라도 살도록 한것은 고마운 일입니다.

정부에서 공공임대주택정책 시행하였지만 이 마저도 투기꾼이 개입하여 실효를 거두지 못하였습니다. 7평 짜리 임대주택에 외제차가 있는 단지도 있었습니다.

이명박정부에서 토지임대부주택을 시행하여 아파트를 지었는데 한개 단지 건설 후 페지되어 생소 하실겁니다.

그 아파트에 사시는 분들이 집값 떨어 질까봐 남이 아시는것을 싫어 하여 어디라고 하기는 자제하지만 방법은 말씀 드려야 할것 같습니다.

토지임대부주택은 뉴욕에서 최초로 시행하였는데 뉴욕시정부가 뉴욕항을 매립하여 단지를 조성하여 상업지역은 매도하고 아파트 부지는 주정부 주관으로 건설하여 건축물은 분양하고 토지 임대료를 받는 주택을 말 합니다.

토지는 주정부소유이고 지상건축물은 개인의 소유로 입주자는 토지 부분에 대한 이자를 내는 것입니다.

땅 값이 천정부지로 오른 우리나라 입장에서는 군침이 도는 정책입니다.

시행사 마진과 건설사의 마진을 최소화 하는 장점을 가지고 있기도 합니다.

아무리 좋은 정책이라도 이를 효과적으로 관리하는 부서가 없으면 공염불이 되기에 주택부(장관)를 두어야 한다 입니다.

전월세 세입자 보호의무는 완전한가? 입니다.

일반적으로 전월세사업자의 상가와 주택은 전월세사업 등록을 한 사업자와 건물 한채를 지어 월세를 받는 두 가지 형태인데 보통 이러한 건물을 대부분 자신이 동원 가능한 현금에 토지와 지상물의 담보금액이 적정할때 건물을 짓는데 보증금으로 은행대출금을 지불하고 남은 대출금은 월세를 받아 충당하고 자신의 살림살이로 씁니다. 그런데 건물주가 제2금융권에서 대출을 받는 경우. 상업건물이 영업이 안되어 공실이 생겨 이자를 납부치 못할 경우 차압, 경매과정에 처하면 세입자는 타의에 의한 피해를 초래하는데 정부는 확정일자 정책으로 입주자의 피해를 줄이고 있지만 경매 등의 사고가 발생되면 대개 50% 정도의 전세금이 피해를 입고 있습니다.

세입자 보호가 완전하지 않고 있기에 완전하지는 않지만 세입자

피해를 최소화 방안으로 필자가 결성한 완전한대한민국추진회의전, 월세 산정에 관한 법률개정안 를 소개합니다.

전, 월세금액을 책정 시 보증금은 "건물 공시가격에서 대출금을 제외한 금액의 70%을 넘지 않을 것" "건축물 실가의 60%를 넘지 않을 것 " " 전, 월세의 금리는 은행금리의 150%를 넘지않을 것 "입니다.

무분별한 건물 임대사업을 지양하고 세입자의 보증금 손실을 줄이는 방안 입니다.

다시 한번 강조 하건데 주택부(장관) 없이 국민을 사랑하는 마음 없이는 가진 자들이 부의 축적으로 악용되어 고착화된 고질병을 치유하기 어렵습니다.

또 다른 망국병도 치유 되어야 합니다.
대한민국 망국병은 주택문제 이외에 년 20조원의 사교육비, 년 17조의 교통혼잡비. 폐기물처리비를 들 수 있습니다.

주택문제는 기술한 바와 같이 주택은 1가정에 하나씩 만 있으면 되는 생활 필수품이라는 인식을 가져야 하고 정부는 집에 가지지 못하는 국민에게 정부주도의 공공임대주택을 다양화 하는 것 입니다. 두번째는 년 20조원의 사교육비 문제은 대학교를 나와야 중산층으로 산다는 그릇된 부모의 인식을 바꾸는것 과 자식의 적성을 살펴 적성을 살리는 것입니다. 이는 학제개편으로 가능합니다. 즉, 우리 스스로 사교육비 문제를 해결할 수 있다는 것입니다. 폐기물

문제도 우리 스스로 해결 할 수 있습니다. 이 두가지 문제는 국가에 책임을 전가하기 이전에 우리가 당연히 하여야 할 국민의 책무이기도 합니다.

다시 말하건데 우리와 우리의 가족이 피땀 흘려 벌어온 돈을 죄의식 없이 습관적으로 버리는 것으로 이를 우리 스스로 치유하면 우리와 우리의 가정이 부유해 지고 국가 또한 부유해 집니다.

연 20조 원의 사교육비의 발생 원인

대학교를 나와야 중산층으로 잘산다는 그릇된 사고로 자녀의 적성 (특성) 보다는 부모의 생각에 맞추어 어린이의 건강과 인성을 방기하고 어릴때 부터 학원으로 내몰고 스펙을 중시하는 그릇된 학부모로 인하여 대학은 상아탑을 지양하고 사업이 되어 버렸습니다

엘빈토플러의 속도론에서 말씀드렸듯이 대학교를 나와야 중산층으로 잘산다는 그릇된 사고를 가진 학부모가 있는 한 상아탑으로 돌 수도 올 일도 없습니다.

그렇다고 절망할 일도 없습니다. 대한민국에는 엘빈토플러의 학설을 비웃는 너무도 훌륭한 학부모가 계시기 때문입니다. 자식의 특성을 고려하면서 자녀와 상의하여 전문대학을 선택하기도 하고 부모의 가업(농어업이나 축산업)을 이어 받도록 하는 학부모님 들이 계시기 때문입니다.

이러한 학부모님의 자식들은 부모님의 은혜를 알고 자신의 특성을 알기에 자신이 원하는 직종이나 회사에 당장 취업을 하지 못하여

도 열심히 노력하여 취업을 하여 부모님을 기쁘게 해 드리고 있습니다.

적성보다는 부모님이 요구하는(강요하는) 대학과 스펙 지향적 자녀들의 현실은 웬만한 직장. 웬만한 봉급은 거들 떠 보지도 않고 방콕(룸팬)이라는 실업의 사회문제 까지 야기하고 있습니다.

부모님들도 편하지 않습니다. 그러나 흘러간 물은 되돌릴 수 없듯이 4년의 긴 시간 동안 감내한 물질적 손실은 차치하더라도 자식의 미래에 대하여 정신적 스트레스를 받고 있기 때문입니다. 늦게나마 심기일전하여 보지만 적성에 따라 자리를 잡은 동기생이나 후배들이 저 만큼 앞서 있어 포기하기 일수이고 결국 건설노동이나 비정규직을 전전할 수 밖에 없이 현실입니다. 어느정도 능력이 잇는 부모의 자녀는 전문성이 결여된 사업?을 지향하여 부모의 스트레스는 더욱 가중되어 적성에 따른 교육을 하지 못한것 을 후회하지만 이미 되돌이 킬 수 없음에 또다른 스트레스를 받고 계시는 것 또한 현실입니다.

자녀의 특성을 고려하여 대학교를 보낼 것 인지 전문대학을 보낼 것 인지 취업으로 갈 것 인지를 자녀와 상의하여 진로를 결정하여야 한다는 선생님의 말씀이 자녀를 사랑하는 길이고 가정을 사랑하는 길이고 나아가 대한민국을 사랑하는 길이며 대학을 사업이 아닌 상아탑으로 만드는 길입니다.

전국의 학부모님 여러분

여러분과 자녀가 특성을 고려하여 선택한 고등학교 졸업자 와 전문대학 취업률이 거의 90%에 육박하고 일반대학 졸업자 취업률은 66% 내외로 대학교 졸업자에 비하여 높다는 것을 잊지 마십시요.

특히,

고등학교와 전문대학을 졸업하고 취업을 하지 않는 학생은 거의 부모의 가업을 이어받아 착실하게 돈을 벌고 삶과 노동의 가치를 만끽하고 있는데 반해 4년이라는 긴 세월동안 물질적 손실을 감내하며 자녀의 특성을 살피지 않고 대학이 중산층이라는 그릇된 생각을 하신 학부모님이 얻은 것은 영원히 풀 수 없는 스트레스와 불효를 얻은 것 임을 잊지 마십시요

연간 20조원을 사교육비를 낭비하는것 은 가정적으로 국가적으로 죄악과 다름 없습니다. 때학을 진학하던 진학하지 않던 자식의 적성에 맞추는거 입니다. 그것이 자녀를 사랑하는 길이고 가정을 사랑하는 길이고 나아가 대한민국을 사랑하는 길이며 대학을 사업이 아닌 상아탑으로 세우는 길입니다.

연 17~18조원의 교통혼잡비용 우리 스스로 줄일 수 있습니다.

교통혼잡비용 이란 자동차가 정상속도로 달리지 못하여 발생하는 시간적 물질적 손실을 말합니다.

도로의 공급이 자동차의 수요에 따르지 못하는 대한민국의 상황에서 출퇴근에만 사용하는 승용차를 끌고나와 정체나 지체현상을 유발하고 이로 인하여 기름을 허비하고 고급인력의 시간비용까지 허공에 날려버리고 있습니다.

약 30년 전 만 하여도 교통 전문가들은 하나같이 도로의 공급이 자동차의 수요를 따르지 못하여" 발생한다고 결론을 내렸습니다. 일견 맞는 말입니다.

하지만, 정답은 아닐겁니다. 왜냐하면 필자는 정답을 제시할 수 있는 전문가가 아니기 때문입니다.

그러나 하나는 알고 있습니다.

반드시 사용하여야 할 차량이외의 차량을 운행하는 출퇴근용 차량, 과시욕으로 운행하는 차량이 교통혼잡비용을 가중 시키고 잇음을 말 이지요

국민생활이 풍요해 지면서 자동차를 소유하려는 꿈은 백번을 생각하여도 이해할 수 있습니다. 집은 없어도 승용차는 있어야 된다는 생각과 자가 승용차 보유는 곧 자존심이라는 생각도 이해합니다. 아니, 권장 합니다. 국민 3명당 1대 꼴인 18,000,000 대한민국 상황 또한 자랑스럽습니다.

휴일에 가족과 함께 즐겁게 노는것 또한 자랑스럽습니다.

출퇴근운행을 지양하여 대중교통 이용을 생활화 하고 과시욕 차량은 주말여행에 사용하는것 입니다. 이는 우리가 마음만 먹으면 충분히 가능한 일 입니다.

우리 스스로 노력하면 년 100조원에 달하는 석유수입을 줄이고 인력 낭비를 줄인다면 우리의 여러분의 주머니도 튼튼 해지고, 가정도 튼튼 해지고 국가도 튼튼해 집니다.

우리 정부는 1980년 경 부터 노력을 하였지만 우리는 여기에 부응하지 못하였습니다. 1980년 경 정부는 교통혼잡비용의 낭비를 줄이기 위하여 미국에서 교통학위를 취득한 신 모 교통학박사를 모셔와 총리실 직속으로 교통개발연구원을 설립하고 도로의 자동차 수요를 조사하여 도로를 증설하고 대학교에 교통학부를 신설하여 교통전문가를 양성하였고 육상대중교통인 시내버스와 지하대중교통인 지하철을 연계하는 시스템을 구축하여 자가승용차의 도심지 입을 지양하여 교통지옥에서 탈피하고 자동차 소유자의 주머니를 얇게 만드는 교통혼잡비용을 절감하기에 노력하였지만 정작 자가 승용차 소유자들은 자신들의 주머니를 풍족하게 하는 정부정책에 대하여 협조적이지 못하였습니다.

엄청난 돈을 들여 환승주차장을 만들어 대중교통을 이용하도록 독려 하였지만 나홀로 차량은 이를 외면 하였습니다.

승용,승합차가 21,000,000대 화물차가 4,000,000대 로 2명당 한대 꼴로 25,000,000대 차량을 보유한 대한민국 입니다.

도로는 화물차와 생업용 승용,승합차에 양보하십시요

폐기물 정책 이대로 좋은가?

산업이 다양하게 발달하고 생활이 윤택해 지고 택배물류가 늘어나면서 폐기물 처리 문제는 초를 다투어야 하는 지경에 이르렀습니다.

폐기물은 크게 산업폐기물과 생활폐기물로 나눕니다.

산업폐기물은 제품을 생산하여 수출하는 국가에서 필요악 이지만 가능하면 적게 발생시키고 발생된 것은 최소화하여 환경에 최대한 저해되지 않는 방법으로 매립하는 것이 최선이라 더 이상 논하지 않겠습니다.

국민이 해결할 문제는 아니기 때문에 생활폐기물에 관하여 논하고 자 합니다.

생활폐기물은 일반폐기물과 음식폐기물로 나눕니다

일반폐기물은

상품가치를 높이고 보호하기 위하여 사용되는 포장재

상품수송을 위하여 사용하는 포장재

상품을 담아주기 위하여 사용하는 포장재

상품배달을 위하여 사용하는 포장재

식,음류, 주류. 약류 등을 담은 용기

농업용 비닐 등 농자재가 있습니다.

하나 같이 없어서는 안 되는 것으로서 해결책은 재활용을 얼마나 어떻게 하느냐가 관건입니다

상품가치를 높이고 보호하기 위한 포장재. 상품수송을 위한 포장

재. 신문등 종이류. 주류용기 같은 생활폐기물은 대부분 어르신들이 신속히 수집하여 재활용업체에 제공하는 순환 재활용폐기물로 아직까지는 심각하게 고민할 단계는 아닙니다.

길가에 내어 놓으면 순식간에 없어지는것 을 보면 그렇다는 이야기 입니다.

재래시장과 소형매장(골목상점)을 제외하고는 비닐봉투 사용을 정책으로 억제하고 시장보자기나 봉투를 지참하는 문화가 정착되어 실효를 거두고 있고 정부에서 필요성과 심각성을 지속적으로 홍보하면 이도 심각하게 고민할 단계는 아닙니다.

문제는

상품배달(음식류)을 위하여 사용하는 일회용 포장재(비닐과 프라스틱)와 인터넷 과 홈쇼핑이 상품구매를 주도하면서 택배에 사용하는 포장재와 파손방지용품이 증폭 하고 있고, 식음류, 주류. 약류용기와 신선도를 유지하기 위하여 사용하는 고흡수성수지를 이용한 냉동제와 두꺼운 비닐봉투가 있는데 이 폐기물 전체는 현재 기술로는 재활용이 어려워 대부분 매립이나 소각을 하여야 하기에 환경과 국민보건에 심대한 영향을 초래하고 있는 실정이고 특히 배달 음식류 포장재는 제대로 수거하지 않을 경우 악취와 해충발생으로 주거환경에 심대한 피해를 주고 나아가 국민보건에도 영향을 미치고 있습니다.

재활용을 할 수 없다면 줄이거나 없애는 방향으로 정책을 펴는것이 당연합니다. 사교육비용절감과 교통혼잡용 절감방안은 우리의 의식을 변화하는게 우선이지만 폐기물은 정부의 강력한 의지로 강제하는데서 그 문제를 해결할 수 있습니다.

배달 음식류

배달음식은 육류와 분식류가 주를 이루는데 예전처럼 배달 후 용기를 수거하는 방식이라면 가정에는 문제가 없지만 폐기물 문제는 해소 되지 않습니다. 더구나 인건비가 상승하여 배달, 수거비용의 부담이 증가하여 대안이 될 수가 없습니다.

비용부담도 줄이고 폐기물을 없애는 방안은 주방용 프로판 개스를 주문하면 먼저 개스통 값을 지불하고 다음에 주문하면 개스가격만 지불하는 방식을 참고로 하면 쉽게 방안을 찾을 수 있습니다.

그렇다고 그릇 값을 받는것이 아니고 일회용이 아닌 그릇으로 배달되면 집에 있는 그릇으로 받는것 입니다. 일회용 숟가락과 젓가락도 집에 있는것 을 쓰구요.

음류, 주류. 약류용기

음류, 주류. 약류용기는 대부분 유리제품으로 프라스틱 용기는 별로 없습니다.

유리 제품인 소주, 맥주병은 생산자와 공급자 책임하에 수거하여 세척하여 재활용하고 있지만 이는 영업용에 한하고 가정용은 거의 폐기되고 있습니다. 외국(미국)의 경우 대형마트 앞에 공병수거기 (파쇄기)를 비치하여 깨진 병이라 할지라도 파쇄된 중량만큼 현금으로 교환해 주는 방식으로 문제를 해결하는데 파쇄한 유리를 재생산하는 번거로움은 있지만 수송이 용이하다는 장점과 원자재 손실을 절감하는 장점과 매립의 문제도 해결하는 장점을 가지고 있습니다. 그러나 우리나라에 접목하기는 불가능합니다. 그 이유는 첫째 유리의 재질아 다르고 색깔이 다르기 때문입니다.

무엇이든 해결책은 있는겁니다. 아전인수의 사고를 지양하고 공정한 입장에서 백지상태에서 온고이지신 정신으로 순수한 마음으로 접근한다면 말이지요

다른분이 더 좋은 방식도 있겠지만 필자의 견해로는 두가지 방법이 있습니다.

하나는

같은 재질, 같은 모양 , 같은 크기로 통일하는것 입니다.

상표는 종이로 부착하는것 입니다.

특별한 경우 두가지 형태로 하여도 가능합니다.

이 경우 수거의 책임에서 자유롭게 되는 장점이 있고. 소비자가 공병을 마트에 들고 가기만 하면 소주,맥주 유리병에 문제는 해결 가능하지 않을 까 합니다.

또 하나는

외국(미국)에서 시행하는 공병수거기 설치입니다.

전자와 같이 같은 재질이어야 하는데 다양한 모양, 다양한 크기로 제작하여 브랜드 가치를 높일 수 잇는 장점은 있습니다 만, 파쇄하여 제작비용이 높아져 소비자 물가상승요인이 발생하고 유리병

재질, 색갈이 두가지로 단순화 한다 하여도 공병수거기에 투입하는 표시를 한다하여도 제대로 정착 하려면 꽤 오랜시간이 소용된다는 것입니다.

여러분 이라면 어떤 방식을 선택하시겠습니까.

만약 이 방식을 도입한다면 여러분도 정부도 전자를 선택할것 같습니다.

음류 용기 입니다. 음류 용기는 유리 용기와 프라스틱(통칭) 용기 입니다.

유리 용기는 고주,맥주 유리병 방식을 준용하구요

프라스틱 용기 또한 그렇기에 간단히 정리 합니다.

약류 용기 입니다.

약류 유리용기는 실로 다양합니다.

그렇다고 포기하여서는 안됩니다.

모양은 다양하고 색갈이 용도에 따라 달리하여야 하고 용도에 따라 내용물의 부피가 다르기에 크기가 다릅니다.

약류 용기는 더 많은 연구가 필요 할것 같습니다.

프라스틱과 비닐 폐기물

프라스틱은 열을 가하면 녹아서 재활용할 수 있는 열가소성 프라스틱이 있고 열을 가하면 더욱 딱딱해지고 깨져서 재활용이 불가능한 프라스틱이 있습니다.

프라스틱과 비닐 폐기물은 연 800만톤이 발생하는데 75%는 매립이나 소각을 하고 25% 정도는 재활용 하고 있습니다.

프라스틱 폐기물은 주로 배달 음식류에서 발생하는 것과 택배상품에서 발생하고 과일 포장에서 발생하고 음류병에서 발생하는데 아직 뚜렷한 재활용기술이 부족합니다. 무엇이든 개발하는 우리나라의 젊은이라면 지원만 하면 해낼것 이라 믿습니다. 아마도 하고 잇을 수도 있을겁니다.

비닐(폴리에치렌 필름) 폐기물은 재래시장시장이나 골목상권에서 물건을 담아주는 비닐봉투가 있고. 택배용품 포장지가 있는데 가장 많은것은 농업용 필름 입니다. 농업용 필름은 밭에 잡초와 병충을 방지하고 수분증발을 더디게 하도록 도포하는 필름과 비닐하우스에 사용하는 필름입니다.

참고로 프라스틱과 필름은 햇빛을 장기간 쏘이면 삭아버리는 방화성으로 정기적으로 교환하여야 함으로 비닐하우스 필름은 두꺼운 재질로 가격도 비싸고 비닐하우스 농업이 발달하여 그 량도 엄청납니다. 밭에 도포하는 비닐은 일년에 한번 도포하기에 매년 발생하는 량이 엄청납니다.

필자가 밭에 도포하는 필름을 없애는 방법으로 밭 이랑이 모자같다 하여 이랑모라 명칭으로 연구한 적이 있는데 방화성 문제로 포기? 하고 있습니다.

밭 이랑을 씌우는 비닐은 매년 20kg 짜리 60만 롤 정도를 사용하고 금액은 매년 700억원 정도입니다. 모두 농가의 손실인데요 모든 농업인들은 이를 불가역적인 소비라 여기고 있습니다.

도심에서 발생하는 열가소성 프라스틱과 비닐봉투 등을 이랑모를 만들어 34~4년을 사용하면 농가 이익이 증대될것 입니다.

현재 정부가 부담하는 농업용 비닐 수거 및 관리비용과 수송비를 지원하면 상황은 다라질지 모릅니다. 매년 12,000,000의 폐기물도 없어 질것이구요.

음식 폐기물.

필자가 사)음식폐기물환경연구원을 설립하여 연구한 결과 음식폐기물로 인한 국가적, 사회적 손실이 연간 40조원에 달합니다. 국가 총예산의 7~8%에 해당하는 40조원 정도 입니다.

망국병인 사교육비, 교통혼잡비용을 합친 금액입니다.

음식폐기물은 식품을 구매하여 한번 먹고 남는 것을 냉장고에 쌓아두었다가 시일이 지나서 버리는 것과, 국물 음식 남는 것, 식탁에 올렸다가 남는 밥과 반찬입니다. 식당 또한 마찬가지 이구요. 쓰레기로 버리는것 은 그냥 쓰레기라 치부하지만 실상은 여러분이 피땀 흘려 벌어온 돈을 버리는 것입니다 그것도 연간 8조 정도를 말이지요 식당에서 버리는 쓰레기는 여러분 지불한 돈을 버리는 것 입니다. 식당에서는 식당의 경비와 마진을 제외하는것 이지만 그 금액은 연간 20조원을 상회 한다는 것입니다.

그렇다면 당연히 40조원을 설명하여야 하겠지요?

가정에서 버리는 여러분의 돈은 약 8조원이라 하시구요

식당입니다.

국민 5천만명중 5명중 한명 꼴인 20%. 1천만명이 평균 하루에 한 끼는 식당이나 주문으로 해결하며 평균 2~30%를 남겨 스레기로 버리게 됩니다.

금액으로 환산하면 한 끼에 8,000원의 경우에 20%이면 1,600원을 30%이면 2,400원을 버리는 것입니다. 8,000원 짜리 식사의 경우 1천만명이 일년에 5조8천400억원 에서 8조7천6백억원 입니다.

5천만명중 1% 정도인 5십만명으로 20,000원 정도로 해결 하는데 대략 50% 정도 남기는데 이를 금액으로 환산하면 1조8천억 원 입니다.

이렇게 따지만 간단하여 연 10조원 인데요 대한민국 외식(料食)협회의 보도자료를 인용하면 년간 매출금액이 220조원 입니다.

220조 원 전체는 매출금액이지만 이 금액은 점포시설비에 대한 감각상각비, 점포임대비, 점포운영비가 포함된 금액입니다. 총 금액 22조원에서 이 세가지를 40%로 계산하여 제외하면 220조의 60%. 132조원이 음식가격으로 이중 20%를 음식쓰레기로 버린다면 26종원이고 30%일 경우는 39조원 입니다. 아무리 줄여도 가정에서 버리는 금액 8조원과 합치면 30조원이 넘는다는 것입니다.

10조는 수거, 수송, 처리에 소용되는 비용입니다. 처리장 시설의 감가상각비용은 빼구요 여러분은 여러분이 피땀 흘려 벌어온 돈 40조원의 매년 버리고 국가는 여러분이 납한 세금 10조원 들여 처리하고 있는것 이 음식쓰레기(음식폐기물)입니다

연 40조원을 상회하는 음식폐기물 해결방안이 보이십니까?

아전인수식 사고를 지양하고 공정과 온고이지신의 마음으로 백지상태에서 생각하신 분은 벌서 정답을 찾을셨을 겁니다.

음식쓰레기를 발생 시키는 않는것입니다. 당연히 버릴것도 없어지겠지요. 그러면 처리비용도 대폭 감소할것 이구요

사교육비 절감의 방향과 교통혼잡비용 절감의 방향과 같이 여러분의 사고를 변화하는 것입니다.

여러분이 변화하면 여러분의 주머니가 풍부해지고 가정도 풍부하고 국가도 풍부해지기 때문입니다.

그 방법은 여러분이 이미 짐작하엿듯이 음식쓰레기 발생을 원천봉쇄하는 것입니다.

밥과 반찬은 설렁탕 식당 같이 먹을 만큼씩만 덜어서 잡수시는 습관을, 국물음식은 식구보다 한명 적은양을 조리하면 남기고 싶어도 남기지 않을것 입니다. 냉장고 음식물 리스트를 붙여놓고 필요한 만큼만 사는 습관을 생활화 하는 것입니다.

식당은 가능한 한 뷔페식을 이용하는것 입니다.

가정에서 잡수시는 식습관에 동일하니까 말이지요.

말로는 간단합니다. 행동은 습관을 단 시간내에 버리지는 못 하지만 우리가 피땀흘려 벌어온 돈을 버린다는 생각만 가진다면 짧은 기간에 생각을 정리할 수 있을 것입니다.

세계 최하위의 빈민국을 단 60년 만에 10대 경제부국 5대 국방강국을 만든 우리 아닙니까?

정부가 하여야 일이 있습니다.

정부기관으로 음식폐기물연구원을 신설하고 폐기물학과를 신설하여야 합니다.

정부는 1980년에 실시한 교통정책의 역사를 반드시 돌아보아야 합니다.

대한민국 대중교통정책은 서민의 삶의 질 향상은 물론 육상대중교통(버스)과 지하대중교통(지하전철)을 연계하는 환승시스템, 대중교통 전용도로, 한번 탑승으로 어느 곳이나 이동가능한 대중교통 공영 시스템, 주차난과 도로정체를 지양하는 환승주차장 설치 등 으로 이동시간을 절약하고 비용과 편의성에서 세계 최정상으로 자리를 잡았습니다. 자동차의 수요에 맞추어 도로를 공급하는 교통정책 또한 세계 수준이 되었습니다.

세계 최고수준이 된 원인은 20년 후의 교통문제를 예측하여 사비로 연구, 활동한 사단법인체 때문입니다. 정부는 그 제안을 받아들여 구무총리실 산하여 개발연구를 하여 정부산하기관으로 교통개발연구원을 설립하여 연구를 게을리 하지 않은것이고 도시공학부의 교통과를 학부로 개편하여 교통학자를 양성하여 지자체에 배치를 하엿기 때문입니다.

음식폐기물은 교통문제보다 시급하여 초를 다투는 문제입니다. 정부산하기관으로 음식폐기물 환경연구원을 신설하고 대학에 폐기물과를 신설하여야 합니다.

택배 시스템은 안전한가

인터넷쇼핑이나 홈쇼핑으로 구매하는 문화가 정착되면서 택배사업이 비대해지고 비대한 만큼 배달 시스템은 아날로그 방식이며 종사지는 격무와 박봉에 시달리고 있는것 이 현실입니다. 다행인것은 고도의 도덕성으로 분실의 위험은 거의 사라진것 으로 다소 위안이 됩니다.

2000년 경 필자는 시내버스 간선지선 체계와 도로번호를 대입하여 교차로번호를 부여하고 건물번호를 부여하여 한글을 모르는 외국인도 쉽게 활용 가능한 "도로건물번호를 부여한 교통지도"를 제안하면서 구역별로 장소를 지정하여 신문이나 주문품을 배달하는 시스템을 제안한 바 있습니다.

신문배달의 경우 신문마다의 지국에서 자신들의 신문독자들에게 배달하는 시스템을 한 업체가 배달하는 시스템을 사용하고 있습니다. 비용도 절약하고 시간도 절약하고 배달원의 사고로 배달하지 못하는 문제도 해결되었습니다.

택배 시스템 또한 신문배달 시스템과 동일하게 하면 효과적이 될 것 입니다. 정치의 정석 1편에서 " 현재 같은 택배 시스템에서는 수 많은 택배 비정규직 종사자들이 인권이 무시 당하기도 하고 과로에 시달리고 있고. 택배는 더욱더 많아짐으로서 배달 노동자도 늘어나면서 노동자의 권리를 보장받기 위한 행동이 과열될 것은 자명함으로 미리 대책을 강구하여야 하는 것이 정부가 할일이다" 라 말슴 드렷는데 그 이후에 택배사의 문제가 불거지고 말았습니다. .

간신히 해결한것 처럼 보이지만 뇌관이 불이 붙어 언제 터질지 모르는 폭탄과 같은것 이 아날로그 택배시스템 하 에서의 택배수송시장 입니다.

신문배달 시스템과 같아야 된다 하였는데 여기에 택배시스템을 반영한다면 지국은 사무실과 차량만을 관리하고 구역별 집하장을 설치하여 각 지국의 차량으로 구역집하장 가지 배달하고 구역집하장의 배달원이 가정으로 배달하는 시스템입니다. 지국은 차량의 부담이 줄어들고 배달이 없어 수송노동의 과로와 업무가 편해지는 장점이 있고 구역배달원(단지별, 리별. 동별) 은 어르신을 함께 취업시킴으로서 노인복지에도 일익을 담당하게 될것입니다.

어르신을 취업 시킬 경우 경노당과 주민복지센터의 빈공간을 활영한다면 비용도 절감할 수 있을것입니다.

에필로그 (Epilogue)

우리에게 정치(政治)는 무엇이었습니까?

우리 스스로 대한민국을 다스리는 사람을 선택하고도 잘못된 것을 알면서 말하지 않으시고 행동까지 하지 않으시고 심지어 포기까지 하시고 계셨습니다.

입은 닫혀 있을망정 귀는 열려 있어 가슴에는 시커먼 멍이 들어 계셨습니다.

우리가 대통령과 국회의원을 비롯한 모든 선출직 공직자를 직접 선출하는 것은 우리의 행복과 안정적인 삶을 추구하기 위함이며 선출된 자는 법 앞에 평등하고 자유로운 경제활동을 보장하고 역동성을 보호하고 사회적 발전에 힘써 우리가 입고 먹고 자는 것에 대한 걱정을 해소시키라는, 헌법에 따라 나라를 다스리라는 우리의 명령임을 한번 쯤 생각하셨다면 정당이라 하여 무조건 투표하고, 혈연이라 하여 무조건 투표하고, 동문이라 하여 무조건 투표하고, 지역이라 하여 무조건 투표하고, 지연이라 하여 무조건 투표하지 않으셨을 것입니다.

대한민국의 주인이 선출직공직자와 공무원을 상전으로 모시지도 않으셨을 것입니다.

제가 이 책을 쓰게 된 이유는 우리의 아들딸이며 손자손녀인 이 땅의 젊은이와 애국적 기업이 일구어 놓은 10대 경제부국. 5대 국방강국을 우리의 자녀와 후손에게 물려 주어야 한다는 것입니다.

그 방법은 단 하나. 다음 선거만을 생각하는 정치인(政治人)이 아니라 다음 세대만을 생각하는 정치가(政治家)가 대한민국을 다스리는 것 뿐 입니다.

우리에게 불행을 주는 정치인(政治人)이 아니라 행복을 주는 정치가(政治家)가 대한민국을 다스리는 것입니다.

200년 전 최한기 학자께서 말씀하신 "세상의 괴로움과 즐거움은 선거에 달려있다" 는 천하우락재선거(天下憂樂在選擧)의 교훈에 다라 정치가(政治家)를 찾아 투표하는 것입니다.

대한민국에 더 이상 대한민국에서 혼군이나 폭군인 대통령을 보아서는 안되지 않습니까?

헌법상 대한민국 주인이고 깨어는 진정한 주인이라면 모든 투표에 100% 투표에 참여하셔야 됩니다. 정당, 혈연, 학연, 지연에 따른 감성에 치우친 투표를 지양하셔야 진정한 대한민국 주인입니다.

그것이 10대 경제부국, 5대 국방강국을 이룩한 역군들에게 감사하고 우리의 선조에게 감사하고 후손에게 감사를 받는 길입니다.

무엇이든 손 대면 세계 1등을 하는 나라의 국민입니다.

30점 정치라고 우리가 100점을 만들지 못하라는 법이 없습니다.

정치를 모른다, 싫어한다 하지 마십시요

정치는 기독교의 바이블, 불고의 법전같이 그대로 행하고 행동하는 지침서와 같이 우리에게 항상 필요한 생활필수품 입니다.

여러분이 속한 모임이나 단체에서 회장이나 단체의 장이 회원을 다스리는 것도 정치이고, 가정에서 가장으로서 가족을 다스리는 것도 정치입니다.

규모와 방식만 다를 뿐 여러분도 항시 정치를 하고 있다는 것을 잊어서는 안됩니다.

영토와 국민과 헌법을 수호하는것이 정치입니다. 그러기에 부모의 마음으로 형제의 마음으로 자식의 마음으로 국민을 사랑하고 헌법에 따라 나라를 다스려 국민의 행복과 안정적 삶을 보호하는것이 정치의 목적이고 정치의 정석입니다.

bhmin6414 @ hanmail.net

충북 옥천군 안내면 도이길 54 (弘兒네) 에서

010-2025-6414   민병홍

지은이 민병홍

출생: 1952년 충북 옥천군 안내면

정치경력

-.개혁국민정당 충남 당진지구당위원장(정치입문)

-.열린우리당 충남도당 창당부위원장

-.열린우리당 당진지구당 창당위원장

-.통합민주당 충남도당 부위원장

-.민주당 개혁위원회 당헌당규분과 위원

-.민주당 충남도당 장애인위원회 위원장

-.민주당 충남도당 교육연수위원회 위원장

-.민주당 충남도당 윤리위원회 부위원장

-.민주당 충남도당 공천심사위원

-.민주당 19대 대통령 선대본 함께여는새날 총괄본부장

-.민주당 19대 대통령 선대본 함께여는새날위원회 부위원장

사회경력

-.완전한대한민국추진회의 이사장

-.사)음식폐기물환경연구원 이사장

-.민주당 당헌당규 지킴이 운동본부

-.태평양주택건설 대표

-.태평양 교통연구실 대표

-.충청남도 바둑협회장

-.당진신문 편집자문위원

-.정치칼럼니스트(브레이크,안팎뉴스.코리아타임즈)